CEO SIRLARI

CEO SIRLARI

RAM CHARAN

Özgün Adı: WHAT THE CEO WANTS YOU TO KNOW

Yayın Yönetmeni: İbrahim Şener

Çeviri: İlhan Kaya

Bilgisayar Uygulama: Semra Sever

Kapak Tasarımı: Derya Yini

Film-Grafik: Seval Grafik

Baskı-Cilt: Kilim Matbaası

1. Baskı Haziran 2006

ISBN : 9944-326-09-7

PEGASUS YAYINLARI

Kazancı Yokuşu, Muhtar Kamil Sokak, Basmacı Han

No: 5/3 Taksim / İSTANBUL

Tel: 0212 243 43 03 (pbx) Faks: 0212 243 43 40

www.pegasusyayinlari.com

RAM CHARAN

CEO SIRLARI

İngilizce'den Çeviren:
İLHAN KAYA

PEGASUS YAYINLARI

Bu kitabı elli yıl boyunca aynı çatı altında yaşadığım on iki kuzenime ve yeğenime ithaf ediyorum. Onların kişisel destekleri benim eğitimimi olanaklı kılmıştır.

"Ben İş dünyasının evrensel yasalarını babamın dükkanında çalışırken öğrendim. GE ve AlliedSignal'deki kariyerim boyunca, bu kitapta tartışılan fikirleri yoğun bir şekilde kullanarak on altı farklı endüstride çalışmalarda bulundum. Bu fikirler karmaşıklığın basitleştirilmesine yardımcı olacak ve yaşam boyu sürecek bir değer katacaktır. *CEO Sırları* hazine niteliğinde bir kitaptır."

—LARRY BOSSIDY, ESKİ BAŞKAN VE CEO, ALLIEDSIGNAL

"Bu, yıllar boyu gereksinim duyulacak bir kitaptır. Ram Charan iş dünyasına girmenin ve daha anlamlı bir kariyer yapmanın sırlarını paylaşıyor. Bu kitabı hafta sonu ya da bir sonraki yolculuğunuzda okuyun. Şirketinizin yeni bir ışığa sahip olduğunu göreceksiniz."

—CHAD HOLLIDAY, BAŞKAN VE CEO, DUPONT

"Bu kitabı okumak, bir gözlük takmak gibidir. Birdenbire iş dünyasının gizemleri sizin için kristal berraklığına dönüşür. *CEO Sırları*, okunması kolay ve gerçek enerji oluşturan bir kitaptır."

—DAVE ROBINO, BAŞKAN YARDIMCISI, GATEWAY BİLGİSAYAR

"Sonunda iş dünyasının gerçekte nasıl işlediğini anlatan bir kitap yayınlandı. Bu kitap, iş düşüncesinin işlemesine katkıda bulunacak her seviyeden iş liderlerinin, ticaret sezgilerini geliştirmenin önemli bir yoludur."

—BOB NARDELLI, BAŞKAN VE CEO, THE HOME DEPOT

"Ticari Zeka –Ram Charan'ın evrensel iş yasası için kullandığı terim– günümüz oyununun adıdır. Ram Charan bu kitapta karmaşık, göz korkutan kavram ve dilleri anlaşılır hale getirmekte ve her gün, her yerdeki iş koşullarına uygulanabilecek temeller yaratmaktadır."

—LOIS D. JULIBER, FİNANS MÜDÜRÜ, COLGATE-PALMOLIVE

Ram Charan'ın diğer kitabı

Boards at Work: How Corporate Boards Create Competitive Advantage

Ram Charan'ın ortak yazar olduğu kitaplar

Every Business is a Growth Business: How Your Company Can Prosper Year After Year

E-Board Strategies: How to Survive and Win

The Leadership Pipeline: How to Build the Leadership Powered Company

Strategies Management: a Casebook in Business Policy and Planning

GİRİŞ

İş yaşamının evrensel yasaları bir tezgahta meyve satmak ya da Dünyanın En Büyük 500 şirketini yönetmek alanında farklılıklar göstermez. Dünyanın en iyi CEO'larının iş becerileri sokak satıcılarının iş becerilerine benzemektedir. Onlar fırsatların nerede olduğunu sezerler ve bunun avantajını kullanırlar. Ve onların şirketleri sürekli olarak para kazanır.

Büyük bir şirketi yönetmek ile küçük bir kasabada tezgahta meyve satmak arasında ne gibi farklar vardır? Ram Charan'a göre aslında çok büyük farklılık yoktur. O, ailesinin ayakkabı dükkanında çalıştığı Hindistan'da geçen çocukluk döneminden sonra Harvard Ticaret bölümünde eğitim görmüş ve dünyanın en iyi CEO'larına danışmanlık yapmaya başlamıştır. Bu iki ayrı iş boyutunda çok az farklılıklar olduğunu görmüştür.

En karmaşık iş alanlarının CEO'ları, iş yasalarının bir aile ayakkabı dükkanı ile aynı temeller üzerine inşa edildiğini bilirler. Temel konulara odaklanma yeteneği olan ticari zekaya sahip kişiler şirketin para kazanmasını sağlayacaktır.

CEO Sırları kitabı basit bir dille büyük CEO'ların sezgisel olarak ve istikrarlı bir şekilde neler yapmaları gerektiğini anlatmaktadır. Bunlar:

- İşin temel yapı taşlarını anlamak ve onları şirketin para kazanmasına yönelik olarak kullanmak ve işi bir bütün olarak görmek,
- Gündelik işleyişin karmaşası ve gerçek dünyanın karmaşasına rağmen ne yapılacağına karar vermektir.

Çok sayıda insan bulmacanın parçalarını bir araya getirmeksizin MBA derecesi almak için büyük paralar harcamaktadır. Pek çok insan da sıradan bir ticari eğitimin isteklerini gerçekleştirmede yeterli olacağını bilmeden çalışmaktadır. *CEO Sırları* kitabı GE'den Jack Welch gibi iş efsaneleri tarafından kullanılan başarı sırlarını göstermekte ve ticaretin sırlarını ortaya koymaktadır.

TEŞEKKÜR

Bu kitap aslında ticaretin evrensel yasalarını, klasik eğitimin faydalarından yoksun olarak uygulayan kardeşlerime, kuzenlerime ve hayatlarının her gününde ticari sezgisini kullanan Hindistan ve diğer ülkelerin köylerindeki esnaflara aittir. Derin bir minnettarlık duyduğum dünyadaki en iyi CEO'lardan bazıları üzerine yaptığım gözlemlerden olduğu kadar, onları takip ederek de gerçek bilgiyi sağlamak için yararlandım. Uzun bir zaman zarfında 12 ya da daha fazla iş kolunun özüne, işin bazı kanunlarını kullanarak kısa yoldan ulaşan, her zaman farklı problemlere farklı cevaplar veren GE'nin önceki CEO'su Jack Welch'i izlemek inanılmaz öğretici bir deneyimdi. Diğer büyük CEO'lar ve iş liderleri, onların çalışırkenki zihin yapılarını gösterme ayrıcalığını tanıdılar. Bu kitaptaki fikirleri geliştirmek noktasında bana yardımcı olanlar, Ford'dan Jac Nasser, EDS'den Dick Brown, Honeywell'in önceki CEO'su Larry Bossidy, Home Depot'tan Bob Nordelli, Citi Group'un önceki CEO'su John Reed, Colgate'den Louis Juliber, Boeing'den Mike Seara, Dupont'dan Chad Holliday, Verizon'dan Ivan Seidenberg, GE'den Bill Conaty ve Stanley Work'ten John Trani'dir.

Çok fazla şey öğrendiğim ve Ford'daki herkesin anlayabilmesi için işin evrensel kanunlarını yazıya dökmek yönünde beni teşvik eden Jac Nasser'a özel bir teşekkür borçluyum. O ve yine Ford'dan David Murphy, William Swift, Jim Padilla ve Al Ver inanılmaz derecede anlayışlı davrandılar. Deneyim olarak her seviyedeki insanlar tarafından okunabilir olmasını sağlamak için yorulmak bilmeden çaba sarfeden John Joyce'a, kitabın yazılışı esnasındaki katkılarından dolayı Leonard Hill ve Gary D'Lamater'a, yorumları için Charlie Back'e minnettarım. Bob Grady ve John Galli de ayrıca önemli kaynaklardı.

John Mahaney, süreç boyunca hararetli bir destek ve çok güzel bir editoryal rehberlik sağlayarak, Crown Business'ta önemli sorumluluklar almıştır. Uzmanlıklarını cömertçe paylaştıkları ve bu projenin gerçekleşmesindeki yardımları için ona ve iş arkadaşları Chip Gibson, Steve Ross ve Will Weiser'a minnettarım. Geri Willigan, bu yolculukta karmaşık bir konuyu alıp açık, basit bir dile çevirmedeki eşsiz yeteneğiyle benim yanımdaydı. Fikir önerileri, bu projeye adanmışlığı, kitabı şekillendirmedeki ve daha anlaşılır kılmaktaki profesyonel yetenekleri mükemmeldir. Ona içtenlikle minnettarlığımı sunuyorum.

İÇİNDEKİLER

III. İşleri Halletmek

IV. Kendi Kişisel Gündeminiz

Ön söz

Bir dakikalığına geriye doğru gidin ve okul yıllarınızı düşünün. Sahip olduğunuz en iyi öğretmeni hatırlayın. Kendi alanında her şeyi biliyor gözüken ve diğer tüm öğretmenlerin yoksun olduğu bir şeylere sahip olanı. İşte bu yetenek psikoloji, ekonomi ve kimya bile olsa, bu disiplinlere ait karmaşık fikirleri gerçekten kavramanızı sağlayacak özüne inme ve basitleştirme yeteneğidir. Diğer öğretmenler çok derin bir bilgiye ve üstün kimliklere sahip olabilirlerdi; fakat kafanızdaki ampulü çalıştıramazlardı. Karmaşık şeyleri basitleştirmek yerine tersini yapar, çok daha karmaşık ve anlaşılması zor hale getirirlerdi.

Kırk yıldır iş dünyasının içindeyim. Çocukken Hindistan'da ailemin küçük işinde çalışmaya başlayıp daha sonra da Avustralya'da bir mühendis olarak iş hayatıma devam ettim. Ardından Amerika'ya taşınıp Harvard Ticaret Okulu ve Northwestern Üniversitesi'nde ders verdim. Dünya üzerindeki büyük ve küçük şirketlerin CEO'larına ve yöneticilerine danışmanlık yaptım ve hâlâ da yapıyorum. Bir şeyi fark ettim ki, en iyi CEO'lar, yani şirketleri yıldan yıla para kazananlar, en iyi öğretmeniniz gibidir. Onlar karmaşıklığı ve gizemi işin esas temellerine odaklanarak ortadan kaldırabilirler. Ve sadece kendilerinin değil, şirketteki herkesin bu temelleri anladığından emin olmak için ellerinden geleni yaparlar. Herkes işin nasıl işlediğini bildiğinde CEO ve şirket daha başarılı olacağından, yüreklerinde kişisel çıkar taşıyabileceklerini söyleyebilirsiniz. Fakat bu yalnızca CEO'nun yararlanabileceği bir şey değildir. İnsanlar kendilerini işlerine daha bağlı hisseder ve sahip olukları meslekten daha fazla tatmin olurlar. Ve şirketin kârlı büyümesiyle –satış (tepe çizgisi) ve kâr (dip çizgisi)'ın yıldan yıla artmasıyla– insanların kariyerlerini geliştirmeleri ve daha fazla para kazanmaları için daha fazla imkanları olur.

Eğer dosdoğru özüne inerseniz, iş dediğimiz şey çok basittir. İster bir standda meyve satıyor, isterse bir Fortune 500 şirketini yönetiyor olun, işin uygulanabilen evrensel yasaları vardır. Başarılı iş liderleri bunları bilirler. Onlar, iş sezgisi diye adlandırdığım şeye, tek kişilik bir işletmenin ya da çok para kazanan büyük bir işin yapı taşlarını anlama yeteneğine sahiptirler. Siz de parayı, marjı, hızı, yatırımdan kâr elde etmeyi, gelişmenin temellerini ve müşterileri öğrenebilir, kendi ticari sezginizi geliştirebilirsiniz. Bu fikirler karmaşık gibi gelirler ama aslında böyle değildir. Kimya dersi gibi bir dersteki en iyi öğretmeninizi bir kez daha düşünün. Bir kez atomun proton, elektron ve nötronlardan oluştuğunu anladığınızda, kimyadaki herhangi bir problemi çözecek temeliniz var demektir. Ben size bunun bir benzerini iş alanında göstermek istiyorum. Temeli bildiğinizde, herhangi bir ticari iş için gerekli esasları 'edinmişsiniz' demektir.

Bu kitabı yazmaktaki amacım, iş düşüncesi ve davranışı konusunda en başarılı insanları görerek geçirdiğim uzun yıllardan sonra edindiğim deneyimlerden yararlanmanızdır. Onların, şirketlerini ve çalışanlarını world-class (dünya standardında) kazanır hale getirmek için yaptığı şeylerin genel esasını göreceksiniz. Hiç kuşku yok ki bir iş başka bir işe aynı derecede benzemez. Ancak bir kez işin özünü kavradınız mı, kendi şirketinizi anlamak için temel bilgilere sahip olursunuz.

En iyi CEO'lar ve tek kişilik işletmeleri yöneten kadın ya da erkekler aynı şekilde düşünürler. Para durumlarını bilirler. Hangi kalemlerin kârlı olduğunu ve hangilerinin olmadığını bilirler. Ürünlerini rafa dizmenin (envanter hızı) önemini anlar ve müşterilerini tanırlar. CEO'nun sizden bilmenizi istediği şey, bu temellerin şirketinizde nasıl işlediğidir. Bu kitaba birkaç saat ayırarak bu yolculuğa başlayabilirsiniz.

Ram Charon
Dallas, Texas
Ocak 2001

I.
BÖLÜM

İŞ SEZGİSİ

İŞİN EVRENSEL DİLİ

Jack Welch ve Sokak Satıcılarının Paylaştıkları

İŞ DÜŞÜNCESİNİN ÖZÜ

Hayatınızın bazı dönemlerinde bazı şehir veya kasabalardan geçersiniz. Bu şehir ve kasabalarda, sokaklarda masa veya seyyar arabalar üzerinde bir şeyler satan birilerini görme şansı yakalarsınız. Dünyanın neresine giderseniz gidin mallarını bu şekilde işportada satan sokak satıcılarıyla karşılaşırsınız. Chicago'da, Mexico City'de, Sao Paolo'da, Bombay'da, Barcelona'da, San Francisco'da, New York'ta; kısacası her yerde.

Bu tezgahlardan bir şeyler aldıysanız, belki de bunu hızlıca yapmış ve yolunuza devam etmişsinizdir. Bir sokak satıcısıyla iş üzerine konuşmak aklınıza gelmemiştir. Herşeyden önce, yaptıkları iş çok basittir ve onlardan ne kadar şey öğrenebilirsiniz ki?

Fakat sokak satıcısıyla yaşamını nasıl idame ettirdiği üzerine konuştuysanız eğer, şaşırtıcı şeyler fark etmişsinizdir. Nerede yaşıyor, ne satıyor ve hangi kültürden geliyor olursa olsunlar, işleri hakkında dikkate değer bir benzerlikle konuşur ve düşünürler. İşin evrensel dilini konuşurlar. İşin evrensel yasasını uygularlar.

Daha da şaşırtıcı olanı şudur ki; sokak satıcısının dili Jack Welch'in (General Electric'in Yönetim kurulu Başkanı ve Fortune Dergisi'nin yüzyılın en iyi yöneticisi olarak adlandırdığı kişi) diliyle, Michael Dell'in (Dell Computer'den duymuşsunuzdur) diliyle, Dick Brown'ın (EDS'nin CEO'su) diliyle, Jorma Olilla'nın (Bir Finlandiya şirketi olan Nokia'nın CEO'su) diliyle ve Nobuyuki Idei'nin (Sony'nin CEO'su) diliyle aynıdır.

Başka bir deyişle, bir işi başarılı bir şekilde yönetme konusunda bir sokak satıcısı ve dünyanın en başarılı ve en büyük şirketlerinin CEO'ları çok benzer şekilde düşünür ve konuşurlar. Elbette ki dev bir anonim şirket ile küçük bir dükkanı yönetmek arasında farklılıklar vardır, bunları da öğreneceğiz; fakat işin temelleri ya da esasları aynıdır. Jack Welch, Michael Dell ve Dick Brown gibi insanlar devasa, küresel organizasyonlardaki birçok insanı yönetiyor ve yol gösteriyorlar. Yönetici ve yol gösterici olarak rağbet görmelerine rağmen, onlar kendilerini önce işadamı olarak görür ve sokak satıcılarından herhangi bir farklılıkları olmadığını düşünürler.

Bunun böyle olduğunu biliyorum; çünkü bu iş liderlerini ve onlar gibi olan diğerlerini ilk elden gözlemleme şansına sahip oldum. Otuz yıldan fazla bir zamandır içlerinde Honeywell'in eski CEO'su Larry Bossidy; Eds'den Dick Brown; Royal Bank of Canada'dan John Cleyhorn; Dupont'dan Chad Holliday; Citigroup'un eski CEO'su John Reed ve Jack Welch'in olduğu dünyanın en başarılı iş liderleriyle birebir çalışma ayrıcalığına eriştim. Zihinlerinin nasıl işlediğini, en büyük ve en karmaşık konuları nasıl temellerine indirdiklerini gördüm.

Bu temelleri Hindistan'ın kuzeyindeki küçük bir tarım kasabasında büyüyen bir çocukken öğrenmiştim. Orada babam ve amcamın ortak bir aile girişimi olan küçük dükkanlarında ayakkabı satarak sürdürdükleri yaşam mücadelelerini seyrettim. Kıt kanaat geçinmeye çalışan diğerlerine karşı, deneyimsiz ve klasik eğitimden yoksun olarak, başıboş bir şekilde yarışıyorlardı. Ailem işi öğrendi, zamanla bir marka ortaya çıkardılar ve orada yaşayan halkın güvenini kazandılar. Diğer dükkanlar açıldı ve kapandılar. Fakat bizimki büyüdü ve bugün yeğenlerim hâlâ bu dükkanı işletmeye devam ediyorlar.

O dükkan benim eğitimimi karşıladı ve köklerimden çok uzakta şansımı denememe olanak sağladı. 19 yaşımda, elimde bir mühendislik diplomasıyla Avustralya, Sydney'de kamuya ait bir gaz işi buldum. CEO bende ticaret zekası olduğunu keşfetti ve daha sonra kendimi pazarlama planlarını düzenlerken ve boru hattı ağını tasarlamak yerine fiyat koyma stratejilerini oluştururken buldum. İşe olan ilgimin frenlenemeyeceği kanıtlandı. İşte o CEO, beni bir MBA kazandığım, doktoramı yaptığım ve daha sonra da ders verdiğim Harvard Business School'a gitmem için motive etti. Bu şekilde dünya üzerindeki düzinelerce CEO'ya danışman olma ve binlercesine işi öğretme fırsatına sahip oldum.

Danışmanlığımın ilk günlerinde farklı endüstrilerden, farklı kültürlerden ve farklı boyutlardan işlerde çalışırken, başarılı iş liderleri arasındaki benzerlikleri gördüm. İşin boyutu ve çapı ne olursa olsun iyi bir CEO'nun, en karmaşık işleri temeline, küçük aile dükkanında öğrendiğim temellere, indirmek için bir yolu vardır.

Onlarca yıllık deneyimlerim, beni sokak satıcılığı işinden ayakkabı dükkanına; Fortune 500'deki bir şirketin yönetimine, her işin altında yatanın aynı evrensel ilkeler ya da yasalar olduğuna şüphe duymayacağım şekilde inandırdı. En başarılı iş liderleri, esasları görme yeteneklerini asla kaybetmezler. Başarılarının sırrı gerçekte, temellere yoğun bir şekilde odaklanmalarıdır. Sokak satıcısı gibi, bir işin nasıl para kazandıracağına dair keskin hisleri vardır. Bu benim iş sezgisi olarak adlandırdığım, işin evrensel yasalarını uygulama yeteneğidir.

KÖKLERİNİZİ HATIRLAYIN

Birçok başarılı CEO, hayatının önceki döneminde ticari düşüncelerine köklerini veren, sokak satıcılarınınkine benzer deneyimlere sahiptir. Honeywell'in önceki CEO'su Larry Bossidy, iş sezgisini ilk olarak küçük bir ayakkabı dükkanında test etmiştir. Bir ayakkabı dükkanı sahibinin karşılaştığı zorlukları düşünün. Müşterileri dükkana nasıl çekeceğini; hangi stil, renk ve boyutta ayakkabılar alınacağını ve onların nasıl fiyatlandırılacağını çözmek zorundadır. Eğer ayakkabılar satmıyorsa, indirim yapılmasına ve para kazanmak için ne kadar indirim yapılıp yapılmayacağına karar verilmelidir. Uzun saatler boyunca sabırlı olunmalıdır. Eğer kâr eder, para biriktirir ve etrafında doğru insanlar bulunursa işi büyütebilir. Tüm kararlar önemlidir.

Ayakkabı dükkanı, Larry Bossidy'nin ticaretin evrensel dilini öğrendiği yerdir. General Electric'in ikinci başkanıyken ve daha sonra Allied Signal ve Honeywell'deyken aynı dili konuştu.

İşin evrensel dilini konuşuyor musunuz? Her işin altında yatan temel yasaları anlıyor musunuz? İş sezgisine sahip misiniz?

Fırsatları ve kariyerinizi şirketinizin satış, finans ya da üretim gibi bir alanında inşa edersiniz. Genellikle iş fonksiyonları olarak bilinen bu alanlar, bazen baca ya da silo olarak adlandırılırlar. Bu nedenledir ki, insanların büyük bir çoğunluğu, ilk işini bir anonim şirketin belirli bir departmanında alır ve o departman içerisinde terfi eder. Böylece, bu baca veya silo içerisinde yapılmış dikey bir hareket gibi görünür.

Bu tür kariyer hatları, bakış açınızı daraltmaya, her gün verdiğiniz kararları ve bir şeyi elde etmek için başka bir şeyden vazgeçmelerinizi etkilemeye eğilimlidir. Departmanınız ya da fonksiyonunuz için en iyi olan şey, tam olarak şirketiniz için en iyisi olmayabilir. Birinci sınıf bir profesyonel (pazarlama, mühendislik ya da finansal analizde iyi) olabilirsiniz. Fakat gerçekten iyi bir işadamı mısınız? İşiniz, departmanınız ya da bacanız ne olursa olsun, iş sezginizi mutlaka geliştirmelisiniz.

Şirketinizi bir bütünsel iş olarak görmeyi ve performansını baştan başa yükselten kararlar vermeyi öğrendikçe, görüşmeleri daha az bürokratik ve iş sorunlarına daha fazla odaklanmış bir hale getirmede etkin olabileceksiniz. Zaman hızla, tartışmaları daha yapıcı ve güçlendirici hale getirerek akacak. İşinizden daha fazla heyecan duyacaksınız. Çünkü öneri ve kararlarınızın işin büyümesine ve gelişmesine yardım ettiğini göreceksiniz. Daha büyük bir gelişme hissiniz olacak ve kapasiteniz artacak.

Ticari sezginizin gelişmesi sizi, çocukken ilk kez para kazandığınızda eğlendiğiniz zamanki gibi ya da içgüdüsel olarak doğru şeylere odaklanan ve hissedarlar için devasa değerler yaratan Michael Dell gibi canlı hissettirir. Dell, on beş yıl önce, yurt odasının yakınındaki postaneye gelen siparişlerle yürüttüğü bir bilgisayar işi yapıyordu. 2000 Haziranında ise Dell Computer 130 milyar dolar değerindeydi.

İşin evrensel dilini konuşmaya başladığınızda, şirketteki herhangi düzeydeki herhangi biriyle anlamlı tartışmalar yapabilirsiniz. Bir fonksiyonel baca insanı olan sizi, iyi giyimli, kıdemli yöneticilerden ve anlamadığınız bir dil konuşan MBA'lardan ayıran duvarı yıkacaksınız. Kendinizi şirketinize ve işinize daha bağlı hissedeceksiniz. Size açılan fırsat alanı genişleyecek.

Bu kitabı işin dilini öğrenmek için kullanın. Sonra

kitabı bir yana bırakın ve işin temellerini, bir sokak satıcısı için olduğu gibi, içgüdüselleşinceye kadar çalışın. İşin genel hissini keşfedecek ve iş sezginizi geliştirme yolunda ilerleyeceksiniz.

SOKAK SATICISININ BECERİSİ

Küçük bir Hint kasabasında işportada meyve ve sebze satan bir sokak satıcısı nasıl geçimini sağlayabilirdi? 75.000 dolarlık bir eğitim alan ve MBA'sı olan biri 'Beklenti Talebi' diyebilir. Fakat Hindistan'daki sokak satıcısı süslü kelimeleri bilmez. Satıcı, o sabah ne alacağını (ne miktarda, ne kalitede, hangi çeşit meyve ve sebzeler), o gün ne satabileceğine dair düşüncesini temel alarak çözmek zorundadır (satış tahmini).

Sonra fiyatları belirlemek ve gün boyunca ihtiyaç duyulan fiyatları ayarlamak için yeterince uyanık olmak zorundadır. Meyveleri (envanter) kendisiyle birlikte eve götürmek istemez. Eğer meyveler çürümeye başlarsa, yarınki değeri daha düşük olur. Satıcının hiçbir şeyin tezgahta kalmamasını istemesinin bir diğer nedeni de nakite ihtiyaç duymasıdır. Uzun gün boyunca fiyatları tam olarak ne zaman ve ne kadar indireceğini iyice hesaplamak zorundadır. Kararsız kalır ya da bir şey kazanmak için başka bir şey feda etme işini yanlış yaparsa, kaybedebilir.

Şirketlerde de bu farklı değildir. Diyelim ki Federal Reserve (Fed), faiz oranlarını yükseltmiş olsun. Otomobillere olan talep aniden düşebilir ve otomobil şirketleri üretim düzeylerini yeterince hızlı bir şekilde ayarlayamayabilirler. İhtiyaç duyduklarından daha fazla ürün ile istemedikleri bir duruma düşebilirler. Ürünleri elden çıkarmak ve bunları paraya çevirmek kahramanca bir çaba gerektirebilir. O durumda tüketiciler, araba şirketlerinden birinin indirim yaptığını açıklayan TV reklamlarını görebilirler. İndirimler ve reklam için yapılan harcamalardaki artışlar kârı azaltır. Ayrıca, bu tür satış taktikleri markanın imajını ucuzlatmaya başlayabilir. Şirketler bazen bu olumsuz etkilere tahammül edebilirler; çünkü nakite ihtiyaç duyarlar.

Her sabah, sokak satıcısı el arabasını hazırlar. En güzel görünümlü meyvelerini ön tarafa koyar (perakendeciler bunu alım-satım olarak adlandırır). Rekabeti, neyi ne kadar sattıklarını izlerler. Bütün bu süre boyunca, sadece bugünü değil yarını da düşünürler.

Eğer mallarını satamama tedirginliğini duyuyorsa, satış fiyatını düşürebilir (müşteriye giden değeri arttırır), tezgahı yeniden düzenleyebilir ya da dikkati standına çekmek için daha güçlü biçimde bağırabilir. Yarın belki de daha iyi bir fiyat bulabilir ya da meyve ve sebzelerin bileşimini değiştirebilir (ürün karışımı). Eğer bir şeyler yolunda gitmiyorsa ayarlama yapar.

Doğru şeyi yaptığını nasıl bilir? Günün sonunda çantasında nakit parası olduğu zaman. Herkes cepteki nakit paradan anlar. Her dilde bunun için bir kelime vardır. Sokak satıcısı nakit üzerine düşünür; yeterli nakit paraya sahip mi, daha fazla nasıl para kazanabilir, nakit üretmeye devam edebilecek mi diye düşünmektedir.

Günün sonunda, parası olmayan sokak satıcısına ne olur? Bu tamamiyle çok acı bir durumdur. Ailedeki gerilim neredeyse çekilmezdir. Sahip olması gereken saygınlığını kaybeder. Ve evet, bu bir gerçektir. Hindistan'da yaşayan aile, karnını doyuracak kadar yemeğe sahip olmayabilir. Böyle durumlar insan aklını çok keskin odaklara çevirir. Sokak satıcısı farkına varsın ya da varmasın, bilinçaltının derinlerinde bir şeyleri uzun uzun düşünür. Ertesi günkü malları nasıl satın alacak? İşinde kalmak için paraya ihtiyaç duyar.

Şirketler de böyledir. Nakit konusunda sağlam durmaya çalışan şirketler hakkında her zaman bir şeyler duymuşsunuzdur. Satamayacakları kadar çok mal üretmiş olabilirler ve nakit, envanterlerin içindedir. Ya da parayı çok büyük ve şirketin para kazanamayacağı bir fabrikaya yatırmışlardır. Yahut da şirket, ürünlerini bayilere veya perakendecilere vadeli olarak satmış ve parayı geç almış ya da hiç almamışlardır. Şirketler yeterince nakit üretemedikleri zaman, sıklıkla borç alırlar. Eğer çok fazla borç alır ve ilk noktada ihtiyacı yaratan problemi düzeltemezlerse, borç alınan miktarın karşılığını ödemede çok sıkıntı yaşarlar. Bazıları 11. Bölüm'de söylendiği gibi iflasla sonuçlanan bir çöküş yaşarlar.

Sokak satıcısına dönelim. Satıcılar, ülkeden ülkeye farklılık gösteren meyveleri nasıl satın alırlar? Hindistan'daki satıcı cebindeki parayı korumanın zor olduğu zamanlarda, biraz daha para kazanmak amacıyla meyve satın almak için borç alabilirler. Hayatını devam ettirebilmek için, aldığı borcu geri ödemeye yetecek kadarını ve biraz daha fazlasını kazanmak zorundadır.

Her bir karpuz sattığında, sadece çok küçük miktarda para kazanır. Kârı, meyve için ödediğiyle sattığı fiyat arasındaki fark çok düşüktür. Kâr marjı (koruduğu paranın toplam para içinde yüzde olarak oranı) % 15 civarındadır (Bu temel fikir hakkında, farklı şirketlerin farklı terminolojileri vardır. Bazıları bunu satıştaki geri dönüş ya da işlem marjı olarak adlandırırlar. Bunun şirketinizde nasıl adlandırıldığını bilmeniz gerekir. Fakat önemli olanı, daha sonra çok daha dolu bir şekilde anlatacağım fikirdir).

Diyelim ki sokak satıcımız 400 rupi (yaklaşık 10 dolar) borç alsın. Bu parayı 4000 rupi değerinde meyve satın almak için depozito olarak kullanır. Bu meyve onun tek varlığıdır. 4000 rupi değerindeki meyveyi satarak % 2 kâr marjıyla (tüm harcamaları ve ücretini düştükten sonra) 80 rupi kâr eder. Başka bir deyişle, 400 rupilik varlığını 80 rupi kazanmak için kullanmıştır. Böylece varlığındaki geri dönüşüm % 20'dir.

Sokak satıcısı daha fazla kâr etmek için fiyatları arttırabilir mi? Yalnızca çok az bir miktar. Eğer fiyatları çok yüksek olursa, müşterileri başka bir satıcıya gider. Meyvelere daha az para ödemek için bir yol bulabilir mi? Eğer fazla olgunlaşmış meyveler satın alırsa müşterileri aradaki farkı bilirler. Belki bazı meyveler diğerlerinden daha kârlıdır. Sadece en kârlı olanlarını mı satmalı?

90'ların başında, Ford firması otomotiv işindeki rekabette üstünlük sağlayabilmek için ürün karışımını değiştirerek, General Motors'a karşı kesin bir finansal üstünlük kaydetti. Ford firması, spor arabalara ve hafif kamyonlara ilişkin talep artışının farkına vardı. Tüm araç türlerinde üretim yapmaya devam ederken, üretiminin birazını arabalardan alıp, arabalardan daha çok kâr getiren SUV ve kamyonlara yönlendirdi. General Motors'un daha büyük olduğu gerçeğine rağmen, Kuzey Amerika'nın bu üretim alanındaki pazar payı liderliğini elde etti.

Bir sokak satıcısının ilgilendiği birçok gerçeklik vardır. Eğer tekrar tekrar yanlış adımlar atarsa, yaşamını sürdürmesi çok zor olur. Eğer müşterilerine doğru bir anlaşma sunmazsa, geri dönmezler ve bu ticari saygınlığını zedeler. Öte yandan eğer müşterilerine her zaman doğru bir anlaşma sunarsa, onların güvenini ve markasına bağlılığını kazanır. O, müşteri odaklı olmak zorundadır.

SOKAK SATICISINDAN ÖĞRENMEK

Tek kişilik bir işi yönetmek kolay görünebilir; fakat birçok kararı yalnız almayı gerektirir. Bu kararlar; bilgisayarlar, sofistike tahmin teknikleri ya da pahalı tatil yerlerindeki toplantıların faydalarından yoksun ve sezgisel olarak verilir. Sokak satıcısının becerisi ve ticari sezgisi, dünyanın her yanındaki şehir ve köylerde nesilden nesile aktarılır. Çocuklar, akşam yemeği masasında büyüklerini dinler, işe sarılır ve daha sonra da kendi kendilerine devam ederler. Toplam işin nasıl işletileceğini sezgisel olarak anlar duruma gelirler.

Benim Hindistan'daki büyüme tecrübem, çocukların

ticareti nasıl öğrendiğine dair tipik bir örnektir. Şu güne kadar hep, erkek kuzenlerimle her akşam saat dokuz civarında babamı ve amcamı dükkandan eve kadar nasıl takip ettiğimizi ve dükkandaki bunaltıcı sıcaktan kurtulmak için çatının üstünü nasıl düzenlediğimiz anımsamışımdır. Günün olaylarından –hangi müşteriler geldi ya da gelmedi; ne satıldı ya da satılmadı; ertesi sabah kimden para toplayacağımız ve köydeki en iyi iki başarılı dükkanın neler yapıyor olduğu (en iyi uygulamalar)– konuşulurdu.

Her gün büyüklerimi müşterilerle ilişki yaratmak; sattıkları ayakkabıların çeşitliliği ve satış fiyatları için doğru ayarlamaları yapma mücadelesini verirken gördüm. Her zaman bir indirim yaparlardı. Bizimkiyle ortak bir duvar paylaşan rakibimiz, müşteriyi bizden aldıkları ayakkabıları bize geri getirmek ve ayakkabının kendisinden alınması için ikna etmeye çalışırdı. Bu, yumruk yumruğa bir mücadeleydi. Fakat günün sonunda aile, günün değerlendirildiği görüşmeyi yapardı. Çok süslü bir terminoloji kullanmıyor olmamıza rağmen, para kazanmanın esaslarını, iş sezgimizi geliştirmeyi ve hissedarlar (aile bireyleri) için değer yaratmayı öğreniyorduk. O değer, klasik eğitimimi ve takip eden birçok fırsatı içeriyordu bu arada.

Bir sokak satıcısı ya da esnaf değilsiniz belki. İster kariyerine yeni başlayan biri isterse bir şirketin zirvesindeki yönetici olun, işinin her yönünü –ürün satışları, müşteriler, kâr marjı, varlıklardaki dönüşüm– bilen sokak satıcısından öğreneceğiniz çok şey vardır. Siz de bir işte para kazanmak için, en temel seviyede ne yapılması gerektiğini anlamak için, ticari sezginizi geliştirebilirsiniz.

Tüm İşlerin Özü Aynıdır

KISA YOLDAN NAKİT, MARJ, HIZ, BÜYÜME VE MÜŞTERİLER

İş sezgisi, ticaretin temel yapı taşlarını anlamayı gerektirir. Geriye doğru gidip fizik ya da kimyayı nasıl öğrendiğinizi düşünün. İlk olarak atomun parçalarını anlamak zorundasınız; elektronlar, protonlar ve nötronlar. Bu parçaları ve birbirlerini nasıl etkilediklerini bir kez öğrendiniz mi, birikiminizi geliştirmeye hazır olurdunuz. İşte de bu aynıdır.

İki iş insanı konuştukları zaman, aynı endüstride olsunlar ya da olmasınlar, açıkça konuşsun ya da konuşmasınlar, daima bir şeyleri ölçmeye çalışırlar: İş para kazanıyor mu? Kazanıyorsa nasıl kazanıyor? Para kazanma yolu nasıl bir değişime müsait? İş kadınları ve iş adamları, karmaşıklığı para kazanmanın temel yapı taşlarına indirgemek için bitmek bilmez bir istek duyarlar.

İşte para kazanmanın üç esas bölümü vardır; nakit üretme, getiri (marj ve hızın bir kombinasyonu) ve büyüme. Gerçek iş insanı, bu öğelerin aralarındaki ilişkiyi olduğu kadar, hepsini ayrı ayrı da anlar. Para kazanmanın bu üç bölümüne –nakit üretme, getiri, büyüme– tüketicileri ekleyin ve herhangi bir işin özüne ya da çekirdeğine sahip olun.

Nakit üretme, marj, hız, getiri, büyüme ve tüketiciler; bir işe dair diğer şeyler bu çekirdekten çıkar. İş nakit üretir ve iyi bir geri dönüşüm kazandırır mı? Müşterileri tutabiliyor muyuz? İş büyüyor mu? Eğer öyleyse, sağduyu size işin iyi gittiğini söyler. Büyük ve karmaşık bir şirket, eğer özü doğru değilse, er ya da geç gücünü kaybedecektir.

Klasik eğitiminizin ya da şirketinizin boyutunun işinizin basitliğini örtmesine izin vermeyin. Sokak satıcısı gibi düşünün. İşin çekirdeğine kısa yoldan ulaşın. Eğer işiniz, para kazanmanın esas bileşenlerinden biri ya da daha fazlasında bozulma gösteriyorsa, tamir etmek için sağduyunuzu kullanın. Eğer bunu yaparsanız, gerçek bir iş insanı ve başarılı bir CEO gibi düşünme ve davranma yolundasınız demektir.

NAKİT ÜRETİMİ

Nakit üretme, para kazanma yeteneğinin birçok önemli belirtisinden biridir. Zeki bir işadamı şunları bilmek ister: İş yeterince nakit üretiyor mu? Nakit üretiminin kaynakları nelerdir? Nakit nasıl kullanılır? Bu soruları sormayı başaramayan ve cevapları çözemeyen bir iş insanı er geç tökezler.

Nakit üretimi, belli bir zaman aralığında, işe akan nakitle işten dışarı akan nakit arasındaki farktır. Nakit; anonim şirkete, ürünlerinin satışı ya da hizmet karşılığı ödenen nakitten ve önceden vadeli olarak yapılan satışların müşteriler tarafından ödenmesinden akar. Nakit; ücretler, vergiler ve mal sağlayan firmalara yapılan ödemelerle dışarı akar.

Sokak satıcısı, tüm işini nakit temelinde idare eder. Müşterileri ona peşin öder. Ona mal sağlayanlara da kendisi peşin öder. Onun için nakit ve gelir birlikte ve aynı şeydir. Fakat bazı şirketler vadeli satışlar yaparlar, bu yüzden nakit ve gelir farklıdır. Şu an bir satış yaparlar fakat parayı sonra alırlar. Şu an bir şeyler alırlar ve sonra ödeme yaparlar. Kabul edilebilir hesap (müşterilerin onlara borçlu olduğu hesaplar) ve ödenebilir hesapları (onların müşterilere borçlu olduğu) vardır. Bu ödemelerin zamanlaması nakit üretimini etkiler.

Nakit üretimi en büyük şirketler için bile sorun olabilir. Chrysler 80'lerin başında nakit sıkıntısı yaşadı; Volkswagen 80'lerin sonunda nakit kriziyle karşılaştı ve Mantgomery Ward da geçen 50 yılda birçok kereler nakit sıkıntısı yaşadı.

Nakit üretimiyle ilgili en açık örneklerden biri –inanılır gibi değil!– bir yönetim danışma firmasındaydı. Firmanın kıdemli ortakları, şirketi satın almak için çok fazla borç almış ve bundan dolayı her ay faiz ödemelerini yapmak için çok fazla nakite ihtiyaç duymuştu. 1998'de bir noktada nakitsiz kaldıkları açıkça belli oldu. Tek çözüm her ortağın payının değerini azaltarak, işin bir parçasını satmak olarak görüldü.

Anlaşma yapılmadan hemen önce, ortaklar hisselerini işin içinde koruma anlayışına vardılar. Firmanın, hesap prosedürlerinde disiplinini kaybettiğini keşfettiler. Müşavirler müşterileri doğru bir zamanda fatura etmiyorlardı ve müşteriler bazen ödemeyi geciktiriyorlardı. Kabul edilebilir hesap, yani müşterilerin firmaya borçlu olduğu para, endüstrideki 45 günlük ortalamanın yerine 84 gündü. Firmanın olması gerekenin iki katı kadar toplanması gereken parası vardı. Bu arada, firma işin yönetimini sağlamak için ücretleri, ulaşım, reklam ve ofis masraflarını ödemeye devam ediyordu. Firma hesap problemlerine eğildi ve nakit durumu çarpıcı bir şekilde düzeldi. Primler yeniden ayarlandı. Firma çok ihtiyaç duyulan yeni bilgi sistemlerini satın aldı ve ortaklar şirketteki mülkiyetlerini aynı şekilde korudular.

Nakit, size işte kalma yeteneğini verir ve bu yönüyle bir şirketin oksijen stoğudur. Nakitten yoksunluk, nakitin azalması ya da tükenmesi, para kazanmanın diğer bileşenleri, kâr marjı ya da aktif hızı gibi iyi görünse bile bir sorundur.

Her şirket yıllık raporunda, yıl boyunca nereden gelip nereye gittiğinin ve bu süreçteki net nakit üretiminin gösterilmesine gerek duyar. Şirketinizin net bir nakit büyütücüsü olup olmadığını biliyor musunuz? Ve neden olduğunu ya da olmadığını biliyor musunuz? Eğer nakit üretici değilse, bu şirketinizi büyütmek için yönetiminizin para yatırdığı aktivitelerden ya da satamayacak kadar çok envanterinizin olmasından mıdır?

Eğer büyük bir şirket için çalışıyorsanız, sizin departmanınız nakit üretebiliyor mu? İşiniz, örneğin Brezilya'daki nakiti üretiyor mu, tüketiyor mu? Bazen bir departman müdürünün 'Ben departmanımı nakit için yönetirim, büyümek için değil' dediğini duyarsınız. Bu, üst düzey yöneticilerin departmanlarından beklediği davranışın kısa ifadesidir. Yönetim nakiti, yavaş büyüyen (yılda % 1 ya da % 2 büyüyen) bir hizmet piyasasından alıp Ar-Ge bölümünde (araştırma ve geliştirme) kullanmaya karar verebilir.

Ya da bazen bir şirket, ana gelir kaynağı olarak bu işe bağlı olan aile üyelerine aittir. Böyle şirketler genellikle 'nakit için yönetilirler'. Bu şu anlama gelir: Aile işten, en acil ihtiyaçlarını karşılamaları için parayı büyütmesini bekler.

Herkes Hesap Tutar

Birçok insan, nakiti kendi küçük hesap cetvelleriyle anlayabilir. Eğer faturaların ödeme tarihialacaklar tahsil edilmeden önceyse ne olur? Ancak büyük bir şirkette, bazı insanlar nakit görüşünü kaybeder. Birçoğu bunun finans departmanının işi olduğunu düşünür.

Fakat bir şirketteki herkes şunun farkına varmalıdır ki; yaptıkları şey, var olan nakiti kullanmak ya da büyütmektir. 30 günlük bir ödemeyi 45 güne bağlayan bir satış temsilcisi nakit mantığına sahiptir. Şirket parayı daha sonra öder, bu nakiti serbest bırakır ve böylece nakiti diğer şeylere harcamaya hazır hale getirir. Birçok envanterin birikmesine yol açan kötü bir programı olan bir planlama yöneticisi nakiti tüketir.

Yeni bir plan yapmak için verilen karar, nakit üretimini açıkça etkiler. Miller Bira şirketini ele alın. Phillip Morris, Miller'ı 1970'de satın aldı ve yöresel bira fabrikasını büyük bir büyüme yörüngesinin üzerine kurdu. Pazar payı % 8'den yaklaşık % 20'ye çıktı. Bu yönelimden cesaret alarak, yönetim, pazar payı tırmandıkça şirketin üretimi arttırması için 460 milyon dolarlık bira fabrikası yaptı. Plan işleme konmadan önce şirketin rakibi Anheuser-Busch bazı saldırgan pazarlama hamleleri yaptı ve Miller'ı önceki pazar payı hattında durdurdu. Miller'ın pazar payı umulduğu gibi artmadı, plan açılımı yıllarca ertelendi ve nakit üretimi eksiye gitti. Nakit, planı uygulamak için şirketin dışına aktı, ama içeri fazladan nakit girmedi. Çünkü satışlar planlandığı gibi artmadı.

Posta odası sekreterleri bile nakit üretiminde rol oynarlar. Posta mektupları, faturaları ve çekleri türlerine göre ayırıp sahiplerine ulaştırırlar. Çekler!

Diyelim ki posta cuma sabahı ulaştı. Posta odası bunu öğleden sonraya kadar tasnif edip dağıtmayabilir. Belki de çekler öğleden sonra 4.30'a kadar doğru departmana ulaşmaz. Bunun yanında, alacaklı durumdaki insanlar da evlerine gitmek üzere yola çıkarlar. Postayı pazartesi günü açarlar. Peki çek ne zaman nakite çevrilir? Bankaya geldikten üç gün sonra.

Postanın gönderildiği zaman üzerine de düşünün ayrıca. Birçok şirkette, cuma günü öğleden sonra saat 2'den sonra hazırlanan faturalar pazartesi sabahına kadar gönderilmezler. Şirket, faturaları cuma gününün sonundan önce postaya sokarak ödemeyi iki gün sonra kabul eder ve nakit durumunu iyileştirir. Öyleyse posta odasındaki çalışanlar da içinde olmak üzere, birçok insan nakit akışı konusunda etkindir.

Son yıllarda çok akıllı bazı iş insanları, nakit üretmek için yüksek randımanlı yollar buldular. Bu çabaların çoğu nakiti aksatan envantere odaklıdır. İnternet tabanlı perakendeciliğin öncülerinden biri olan Amazon.com'a bakın. Haftanın yedi günü 24 saat açık on-line kitapçı. Amazon.com ilk başladığında, envanter taşımıyordu. Bu ona kitapçı ve depoda bir sürü kitabı olan geleneksel kitapçıların üzerinde, dev bir nakit avantajı verdi. Amazon.com kitap siparişini on-line kabul ediyor ve onları bir başkasının dağıtım hizmetiyle müşterilerine gönderiyordu. Bu kitaplar müşterilere ulaştığında, parayı müşterinin kredi kartı şirketinden alıyordu, fakat kitaplar için birkaç haftaya kadar ödeme yapmıyordu. Bu durum nakit üretti ve bu nakiti daha fazla satış sağlayan pazarlama için kullandı (Amazon.com iş yaklaşımını değiştirdi. Depolar inşa etti ve şimdi envanter saklıyor).

Aynı şekilde, kişisel bilgisayarları doğrudan müşteriye satan Dell Computer, PC sipariş edildiğinde, müşteri malı almadan önce, kredi kartından ödemeyi alıyordu. Ancak kendine mal sağlayan firmalara (bilgisayarın her parçasını yapanlar) parçalar alındıktan ortalama 30 gün sonra ödeme yapıyordu. Bu, envanterin sadece 6 gününde devam eder. Verilen bir dönemde, Dell'in içine akan nakit, dışarı akandan daha fazla olur. Bu yüzden büyüdükçe daha fazla nakit üretti. Bazıları Dell'in bir nakit makinesi olduğunu söyler.

Nakit üretenler yalnızca Dell gibi 'yeni ekonomi' şirketleri değildir. GE, McDonalds ve United Technologies gibi birçok 'eski ekonomi' şirketi de nakit üreticisidir. Örneğin GE, on yıllarca istikrarlı bir şekilde nakit üretti. Üretim hizmetlerini ve ürün akışını daha randımanlı işleterek envanter ihtiyacını azaltmış ve üretim kapasitesini yeni fabrikalar kurmaya zorunlu olmayacak şekilde arttırmıştır.

Akıllı insanlar şunu bilirler ki, nakit üretimi işin büyümesine yardım eder. Akıllı yatırım, şirketin para kazanma yeteneğini ilerletir. Nakit kazanmanın psikolojik bir bileşeni vardır: Bir şirket ödünç paradan ziyade kendi nakitine sahipse, kıdemli yöneticiler, potansiyel olarak daha büyük karşılıkları olan cesur yatırımlar.yapmaya eğilim gösterirler.

GETİRİ

Para kazanmanın, basitçe kâr etmek –"ucuza alıp pahalıya satmak"– anlamına geldiğini düşünebilirsiniz. Ama fazlası vardır.

İşinizin çapı ve türü ne olursa olsun, büyümek için kendinizin ya da başka birilerinin parasını kullanırsınız. Bankadan borç alır ya da kendi birikimlerinizi kullanırsınız. Bu para, yatırımınızı ya da yatırım sermayenizi ifade eder. İşe hakim olursanız "yatırım" size verilir. Sonra yatırımınız bir form alır, bir ürün mü (envanter) küçük bir mağaza ve raf ürünü mü (fabrika ve ekipman), yoksa evine bir şeyler alan bir müşteriden gelen IOU (borç senedi) mu olacağına karar verilir.

Yatırdığınız şeylerin içeriği "mal"dır. Bir otomobil üreticisinin varlığı, fabrika ve toplu üretim yerleri, bilgisayar sistemleri ve metal levha, boya ve benzeri envanterleri içerir. Bunlar görüp dokunabileceğiniz somut mallardır. Binalar ve makineler gibi büyük, satılması beklenmeyen şeyler bazen sabit mallar olarak adlandırılırlar.

Şirketiniz imalat işi yapmıyorsa bile bir takım yatırımlarınız vardır. Sigorta gibi bir hizmet işinde envanter ya da imalat makinesi gibi bölümler yoktur. Fakat nakitiniz başka yollardan bağlanır. Hükümet düzenlemeleri, sigorta şirketlerinin müşterilerin haklarının ödenmesine güvence olacak kadar nakit rezervinin korunmasını gerektirir. Nakit rezervi bir maldır.

Şirketinizdeki somut malları öğrenin. Yüksek iş sezgisi olan bir insan, bu mallarla ne kadar para kazanabileceğinizi merak eder. Kullanımları boyunca size ne kadar para getirmiştir? Kısacası, getiriniz, ROA'nız nedir? Bu mallardan yeterince dönüşüm sağlayabiliyor musunuz?

Bazı insanlar yatırım dönüşümü ya da sermaye dönüşümü (sermaye, hissedarların işe yatırdığı paradır) hakkında konuşmayı tercih ederler. Bunların arasındaki farklar tekniktir. Yatırımlarınızla ya da hissedarların şirkete yatırdığı parayla ne kadar para kazandınız?

Getiri fikrini anlamanız için bir MBA'ya (iş yönetiminde yüksek lisans derecesi) gerek yoktur. Yıllar önce bir grup MBA öğrencisini Managua, Ninaragua'daki bir açık pazara götürmüştüm. Orada tüccarlar ve köylüler (neredeyse tüm kadınlar) ananastan gömlek ve kolyeye kadar her çeşit şeyi satıyorlardı.

Küçük bir arabada giysi satan bir kadına yaklaştık ve ona mallarını alacak parayı nereden kazandığını sordum. Bana aylık % 2,5 faizle borç aldığını söyledi. Öğrencilerden biri % 2,5'le 12'yi hızlıca çarparak faiz oranının yıllık yüzde otuz olduğunu söyledi. Kadın onu doğruladı. Faiz oranı aydan aya birikerek ya da bileşimle % 34 gibi bir orana ulaşıyordu.

Ne kadar kâr ediyordu? Sadece % 5. Tefecilerden borç alarak nasıl ayakta kalıyordu? Sormak zorundaydık.

Sorunun ahmaklığına kızarak sol eliyle sağ dirseğini tuttu ve havada birçok dairesel hareket yaptı. El hareketi, malları çevirenin rotasyon –malların rotasyonu, envanterin rotasyonu, stokun rotasyonu– olduğu anlamına geliyordu.

Sezgisel olarak, iyi bir getiri sağlamanın iki yolu vardır; kâr marjı ve hız. 10 dolarlık bir gömlek sattığı zaman sadece 50 sent kâr ediyordu. Tefeciye faiz ödemek ve arabasını yeniden doldurmak için mallarını haftanın her günü tekrar tekrar satmak zorundaydı. Daha fazla satması, daha fazla "% 5" biriktirmesi demekti.

Hız kelimesi, sürat, sermaye devri ya da hareket fikrini tarif eder. Fabrikada hareket eden ve son ürün haline gelen hammaddeyi düşünün ve raflara, müşteriye giden son ürün üzerine düşünün. Bu hızdır.

Ya da sahibinin çok az yatırım yaptığı ve sadece nakitle çalışan bir manav dükkanını hayal edin.

Tüm mallar envanter formundadır. Manav raflarını her gün boşaltıp mallarını yeniliyor mu yoksa rafları boşaltmak bir hafta mı alıyor? Birinci senaryo ikincisinden daha yüksek bir envanter hızına sahip. Envanter hızı birçok şirket için anlamlı bir sayıdır.

Bazı insanlar envanter hızını tarif etmek için envanter dönüşü terimini kullanırlar. Envanter yılda kaç kez devreder? Wal-Mart'ın, tuvalet kağıdında 360 envanter dönüşü vardır. Bunun anlamı, tuvalet kağıdının bütün envanterinin neredeyse her gün satıldığıdır. Wal-Mart, tuvalet kağıdının envanterine harcadığı parayı her gün, kârıyla birlikte geri alır. Bu, raf yerinin kullanımının müthiş bir örneğidir. Mal ne olursa olsun, mal hızını anlamak biraz basit aritmetik gerektirir: Toplam satışların, diyelim ki bir yıldaki toplam envantere bölümü. Ama matematiği unutun. Hız fikrini anlamaya çalışın. Mallar, üreticiden müşteriye –daha hızlı, daha iyi– ulaşmak zorundadır.

Siparişin gelmesiyle, müşteriye teslim edilmesi arasında ne kadar süre vardır? Bir şirketin hammaddeleri ve parçaları almasıyla, son ürünün perakende dükkanlarına, depolara ya da dağıtım merkezlerine satılması arasında ne kadar süre vardır?

ABD'de, yeni bir arabanın fabrikadan gönderilmeye hazır hale gelmesiyle, tüketiciye ulaşması arasında ortalama 72 gün vardır. Tüm bu zaman boyunca arabaya gidecek parçaların alınması için kullanılan para bağlanır. Üretici, araba müşteriye ulaşıncaya kadar bunu başka bir amaç için kullanamaz. Eğer araba müşteriye daha sonra ulaşırsa, üreticinin, bir üretim hattında ya da araba nakliyecisinde duran ürünün içinde çok fazla kayıp kapatılmış parası olur. Daha hızlı hareket etmekten kastettiğim şey bu. Bu hızdır.

Daha fazla hız daha fazla getiri demektir. Aslında getiri, kâr marjıyla mal hızının çarpımından fazlası değildir. Bu, ticaretin basitçe yazılabilen, evrensel bir yasasıdır:

Dönüşüm=Marj x Hız

ya da

R=M x V

Bu finansal jargon değildir. R=M x V, çok iyi beslenen, son derece kullanışlı bir iş aracıdır. Sonuç R, yüzde olarak –% 8, % 10, % 15 getiri– karşılaştırma için kullanılacak basit bir sayı olarak ifade edilir.

İşin sağlamlığını ölçmeye gelince, iyi bir CEO, kesinlik için çok fazla kaygı duymaz. İş fikrini elde etmek için getiriyi (ya da benzeri bir ölçüyü) kullanır. Geçen yıldan ve ondan önceki yıldan iyi mi? Rakiplerinden iyi mi? Olması gereken yerde mi? En iyi şirketlerin getirisi, vergiler düştükten sonra, % 10'dan fazladır.

Marjı Anlamlı Hale Getirmek

Kitap boyunca marj terimini, "vergiler düştükten sonra kalan net kâr marjı" anlamında kullanacağız. Bu, şirketin tüm harcamalarını, faiz ödemelerini ve vergilerini ödedikten sonra kazandığı paradır. Bu harcamalar, işi yönetmeyi, herhangi bir borcun faizini ödemeyi ve gelir vergisini ödemeyi olduğu kadar, ürünü yapmak ve satmakla ilgili tüm masrafları da içerir. Net kâr marjının elde edildiği brüt marj, ayrıca işin temel yapısını anlamak için de gereklidir. Brüt marj, şirketin ya da bir ürün çizgisinin toplam satışını alıp, ürün ya da hizmeti satın almak ya da yapmakla doğrudan ilgili harcamaları bundan çıkararak hesaplanır. Esnafın, çifti 30 dolardan 1000 çift ayakkabı alıp 50 dolardan sattığını düşünelim. Toplam satışı 50.000 dolardır (1000 çift x 50 dolar= 50.000 dolar). Ayakkabılarla doğrudan ilgili masrafı ise 30.000 dolar (1000 çift x 30 dolar). Brüt marjı anlamak için bu iki sayıyı (toplam satış ve toplam masraf) kullanabiliriz.

50.000 dolar toplam satış – 30.000 dolar alınan malların masrafı=20.000 dolar brüt marj

Esnafın ayakkabıları için topladığı 50.000 doların dışında, ayakkabıları edinmek ve satmak için ona mâl olanın üstünde ve dışında 20.000 doları vardır. Kâr marjı % 40'dır: 20.000 dolar 50.000 doların % 40'ı olduğu için. Birçok iş insanı ve yatırımcı brüt marjı izler; çünkü bu, işin doğasını etkileyen önemli değişiklikler hakkında ipucu verir. Örneğin, brüt marjınız % 52'den % 48'e düşerse, bunun neden olduğunu sormak zorundasınız. Ürünlerinizi üretmek daha mı masraflı oluyor yoksa rekabet sizi, masraflar aynıyken fiyatları düşürmeye mi zorluyor? Kişisel bilgisayarın ilk günlerinde PC endüstrisi % 38'e yaklaşan brüt marjdan memnundu.

Daha sonra keskin fiyat rekabeti dönemi geldi. Bir PC'nin fiyatı, brüt marjı % 20 noktalarına kadar kesintiye uğrayarak, çarpıcı bir biçimde düştü. PC yapanlar ayakta kalmak için bütün iş yaklaşımlarını, üretim bileşenlerini dışsatıma yönlendirerek, masrafları kısarak ve hızı arttırarak değiştirdiler.

Ya da brüt marj, müşteri bileşiminin değişmesinden dolayı düşmüş olabilirdi. Daha düşük marjlı daha fazla ürün satıyorsunuz. Trend ivmeleniyor mu?

HIZI ANLAMLI HALE GETİRMEK

Birçok insan kâr marjına odaklanır ama hızı gözden kaçırırlar. Başarılı CEO'ları diğer bir sürü idareciden ayıran şey buradadır: Hem marj hem de hızı düşünürler. Bu ikili odaklanma, iş sezgisinin merkezidir. Hız her şir-

R-O Nedir?

Bazı şirketler getirinin biraz daha farklı ölçülerini kullanırlar. Getiriye (ROA) bakmak yerine yatırımdaki dönüşüme (ROI) ya da sermayedeki dönüşüme (ROE) bakarlar. Kısaltmalardan gözünüz korkmasın. Tüm bu ölçümlerin içeriği aynıdır. Mallarınızın kullanımından, işin yaptığı yatırımlardan, hissedarların şirkete yaptığı yatırımlardan (sermaye) işinize kadar nerelerden para geldiğini söylerler size. ROA, ROI ve ROE'yi hesaplamak zor değildir. R'nin getiri, M'nin marj ve V'nin hız anlamına geldiği evrensel formül R=M x V'yle başlayın.

Getiri için marjı, malın hızıyla (malın hızı, malın satışa bölümüdür) çarpın. Bunu, % 5 kâr marjı, 10 milyon dolar satışı ve 2 milyon dolar malı olan bir şirket için yapalım.

R= % 5 x (10 milyon dolar/2 milyon dolar)

Getiri, % 25'dir.

Yatırımdaki dönüşüm için kâr marjını yatırımın hızıyla (yatırımın hızı yatırımın satışa bölümüdür) çarpın. Bu şirketin % 5 kâr marjı, 10 milyon dolar satışı ve 5 milyon dolar toplam satışı olduğunu varsayalım.

R= % 5 x (10 milyon dolar/5 milyon dolar)

Yatırımdaki dönüşüm % 10'dur.

Sermayedeki dönüşüm için, kâr marjını sermayenin hızıyla (sermayenin hızı, sermayenin satışa bölümüdür) çarpın. % 5'lik bir kâr marjı ve 110 milyar dolarlık satış kullanın ve hissedarların 1 milyar dolar sermayesi (şirketin bir bankadan borç aldığı paranın dışındadır bu) olduğunu farz edelim.

R= % 5 x (10 milyon dolar/1 milyon dolar)

Sermayedeki dönüşüm, ROE, % 50'dir.

ket için önemlidir. İlk olarak, sabit malı –fabrikalar, makineler ve binalar– ve fazla olanları düşünün. AT&T gibi bir şirketi ele alın örneğin: Metal teller, kablolar, uydular ve mikrodalga kulelerde dev bir yatırımı vardır. Uzun mesafe arama ücretlerinin düşmesi ve marjın azalmasıyla birlikte, getiriyi sağlamak için tek yol olarak hıza odaklanmak kalmıştır. AT&T bu mallarla kazanılan paranın miktarını arttırmak zorundadır. Bu yüzden onu ve diğer telekomünikasyon şirketlerini, sokak satıcısı gibi, her şeyi göze alarak satışlarını (gelirler) arttırırken ve doğru ürün bileşimini elde etmeye çalışırken gördünüz. AT&T'nin CEO'su Michael Armstrong, gelir artışının 2000, 2001 ve 2002'de en yüksek öncelikleri olduğunu açıkça ifade etmişti.

Sabit malları az olan şirketler, üç haneli getiriye sahip olabilirler. Örneğin Dell, aslında bir bilgisayar toplayıcısıdır. Birçok parçayı kendi bünyesinde imal etmez. Bu yüzden Dell bir sürü binaya ve imalat donatımına sahip olmak zorunda değildir. 1999-2000 yılı için Dell'in yatırılan sermayedeki dönüşümü (Dell'in kullandığı ve randımanı en iyi ölçtüğüne inandığı ölçü), % 243 gibi çok büyük bir orandı. Bu bir önceki yılın iki katıydı.

Oraya ulaştı; çünkü Michael Dell hızı anlamış durumdadır. Parça alım satımı gibi diğer düşük marjlı işlerin % 3-4 civarında getiriler kazandırdığını görmüş. Bu, Michael Dell'e onların nasıl yaptırıldığını düşündürtmüş ve R=M x V denkleminin diğer bölümünü keşfetmiştir.

Dell'in envanter hızını tahmin edebilirsiniz. 28 Ocak 2000'de biten yıl, yaklaşık 50'ydi. Bilgisayarları siparişe göre yaptırdığından Dell'in çok az envanteri vardır. Her müşterinin özel şartlarına göre toplanır ve bir haftadan kısa bir süre içerisinde teslim edilir. Şimdi United Technologies ve Pratt & Whitney gibi şirketlerin kıdemli yöneticileri, düşük envanterle nasıl üretim yapıldığını ve mal istendiğinde nasıl teslim edildiğini öğrenmek için Dell'i ziyaret ediyorlar. İş becerilerini geliştirirken, getiri ve onun esasları olan hız ve kâr marjı üzerine düşünün. Kendi şirketinizin getirisine bakın. Eğer yeterli olmadığını düşünüyorsanız, ilerletmek için tüm yolları zorlayın. Tüm cevaplara sahip olmasanız bile, doğru soruları sorarak ilerleme kaydedebilirsiniz. Endüstrinin en iyisiyle karşılaştırıldığında şirketinizin getirisi nasıldır? Geçen birkaç yılda arttı mı azaldı mı? Endüstride en fazla marja, en yüksek hıza ya da en fazla mal dönüşümüne sahip şirketler hangileridir? Onlardan ne öğrenebilirsiniz?

İşe dair bir başka gerçek de getirinin kendinizin ve diğer insanların (bankacılar ve hissedarlar) parasının değerinden daha fazla olması gerektiğidir. Eğer getiri, sermaye masrafını aşmıyorsa (genellikle % 10 ya da daha fazlası) yatırımcılar arasında hoşnutsuzluk olur; çünkü yönetim, hissedar zenginliğine zarar veriyordur.

Bazı şirketlerin sermaye masrafını kazanmayan işleri, departmanları ya da ürün çizgileri vardır. Bu yüzden getiriyi arttırmak ya da işin bu çizgilerinden kurtulmak zorundadır. Birçok CEO ya da yönetici, bir işi satmaya ya da bir ürün çizgisine devam etmeye bu şekilde karar verir. Jack Welch bu prensibi, bulunduğu endüstride bir ya da iki numara olmayan ve hissedar yatırımlarına uygun getiriyi kazandırmayan tüm işlerin ya düzeltileceğini ya da satılacağını söylediği 80'lerin başında kullanmıştır. Şirketinizin sermaye masrafını bilmeseniz bile getiriyi arttıran yollar önererek fark yaratabilirsiniz. Örneğin, bir otomobil şirketi için çalışıyorsanız, küçük arabalardaki getirinin sorunlu olduğunu fark edebilirsiniz. Dünya üzerindeki oto üreticileri küçük arabalardaki otomotiv mallarından, sermaye masrafından daha az olan % 2'den daha düşük bir getiri kazanıyorlar. İşin bu bölümü nasıl daha yüksek bir getiri üretir? Getirinin iki parçası üzerine de düşünün: Marj ve hız.

BÜYÜME

Büyüme, başarı için yaşamsal bir önem taşır. Her insan, her şirket ve her ulus büyümek zorundadır. Büyüyen bir şirket için mi çalışıyorsunuz? Hızda düşüş olmadan randımanlı büyüyor mu? Büyüme oranı düşük, hatta eksiyse ne olur?

Bütün bir şirket ya da sizin iş biriminiz rakiplerinden geri kalırsa, kişisel gelişiminizin seviyesi düşer. Eğer şirketin satışları beş ya da altı senedir aynı seviyedeyse, insanlar terfi edecek ya da ilerleyecek fırsatı bulamazlar. Tepedeki yöneticiler masrafları kısmaya, çalışan sayısını düşürmeye başlarlar. Ar-Ge ve reklamı dizginlerler, nitelikli çalışanlar ayrılır ve şirket er ya da geç iflasa doğru sürüklenir. İnsanlar acı çeker.

Bugünün dünyasında büyümemek, dünyadan geri kalmak anlamına gelir. Büyümezseniz rakipler sizi eninde sonunda geçerler. Örneğin Westinghouse, GE'yle karşılaştırılırdı. Yolunu kaybetti, büyüme ve verimlilik üzerine odaklanamadı ve daha fazla var olamadı.

Hissedar Değerini Duyduysanız...

Her iş, diğer insanların (bankalar, hissedarlar ya da sahipler) harcamalarından daha fazla getiri sağlamak zorundadır. Bu gerçeği önde ve merkezde tutarak, birçok şirket "eklenen hissedar değeri" olarak adlandırılan bir ölçü kullanıyor. SVA (eklenen hissedar değeri), işin gösterdiği kapsamlı performansı ölçmek için kullanılan bir tür kısaltmadır. Yatırımcıların esas beklentilerini karşılıyor mu, karşılamıyor mu?

Ama SVA basit kullanışlı bir ölçüyken ve para kazanma yeteneğini yansıtırken, işin içinde gerçekten neler olduğunu anlamamıza çok yardımcı olmaz. Bu yüzden iyi CEO'lar para kazanmanın basit ölçülerine –nakit üretimi, marj, hız, getiri ve büyüme– bakışı asla kaybetmezler. Bu, bahsedilen unsurlara odaklanarak ayarlamalarını yapması ve para kazanmaya devam etmesini gerektirir. Ve bu büyük bir şirket için de geçerlidir. Nakit üretimi, marj, hız, getiri ve büyümenin altında yatan gerçekleri daha derinden kavramak, dikkatle odaklanmamız gereken yer ve değiştirmemiz gereken şey hakkında ipuçları sağlayacaktır.

Kısa bir süre önce, dünyanın en büyük ikinci bilgisayar şirketi Digital Equipment Corporation vardı. Dünya PC'lere yönelirken, o orta büyüklükte bilgisayarlar yapmakta ısrar etti. Yeni türeyen Dell ve Compaq gibi bilgisayar yapımcıları büyürken, Digital Equipment büyüyemedi. Compaq onu satın aldığındaysa bağımsızlığını yitirmişti.

Büyümenin psikolojik bir boyutu da vardır. Büyüme bir işe enerji verir. Genişleyen bir şirket, taze fikirli yetenekli insanları çeker. İnsanları çeker, onları geliştirir ve yeni fırsatlar yaratır. İnsanlar, müşterilerin onlara en iyi olduklarını söylemelerinden hoşlanırlar ve böylece yollarına daha fazla iş çıkar.

İnternet ve diğer teknoloji şirketlerinin dünyasında neler olduğuna bakın. Çok yakın bir zamana kadar genç insanlar, klasik eğitimlerini erteleyecekleri dot-com şirketlerinin sunduğu işlere girmekten kaygılıydılar. Cisco, Intel, Nokia ve Oracle gibi şirketler çok fazla sayıda insanı çekerken, eski saygıdeğer şirketler yüksek dereceli mezunları kapmada ve en iyi performansa sahip elemanlarını tutmada zorlanıyordu. Teligent gibi küçük ve yeni türeyen bir şirket bile AT&T'nin bir numaralı adamı olan Alex Mandl'ı çekti. Çekim nedir? Büyüme ve onun getirdiği tüm fırsatlar ve heyecanlardır. Bir şeyi inşa etme şansı, bir şeyi yapma ve başarma şansıdır.

Doğru Yoldan Büyümek

"Büyüme için büyüme" iyi sonuçlar vermez. Büyüme kârlı ve ayakta tutucu olmak zorundadır. Artan marjların ve hızın büyümeye eşlik etmesini istersiniz ve nakit üretimi temposunu korumak zorundadır.

Küçük ölçekte başarıyı tadan ve aklı büyümeye takılan çok sayıda girişimci, para kazanma esaslarını yol boyunca kaybeder. Restoranlara meşrubat sağlayan bir girişimcinin durumu tipiktir. Her tesis için 2000 dolarlık meşrubat ekipmanı temin ederek kârlı bir iş kurdu ve sonra da her restorandan, temin ettiği maddeler için ayda 100 dolar topladı. Tesisleri yapmak için borç aldı. Malzemelerdeki marjlar, borç alınan paranın faiz ödemelerini kapatamayacak kadar zayıftı. Kafasını büyümeye takmış durumdaydı hâlâ.

Bu hırslı genç adam işi genişletirken, dışarı çıkan paranın temposu işin kasaya giren paranın temposunu aştı. Sonunda şirket iflas etti ve alacaklılar şirketin yeni bir CEO'ya ihtiyaç duyduğuna karar verdiler.

Bazen kıdemli yöneticiler, satış gücünü yanlış elemanlara vererek kontrolsüz bir şekilde kârsız büyüme yoluna giderler. Örneğin, 16 milyon dolarlık bir pervaz iğnesi şirketi, şirket onlardan kâr etsin ya da etmesin, satış temsilcilerini sattıkları toplam plastik kapakların fiyatı üzerinden ödüllendiren bir yapıya sahipti. Şirket iki büyük müşteriye yaptığı satışlardan 4 milyon dolar kazandığında herkes heyecanlandı. Takip eden üç yılda satışlar artarken kâr marjı azaldı. En sonunda CEO, herkesin heyecanlandığı yeni işin aslında para kaybettiren bir iş olduğunu fark etti. Yeni kabloların satış fiyatları, üretim masraflarını karşılamadı. Daha kötüsü, satış ekibi işi korumak için fiyatları düşürdü. İflas, genellikle yanlış genişleme planlarının üzücü bir sonudur. Ağustos 2000'de ABD'deki en büyük perakende ekipmancılarından biri, hırslı büyüme planları ters gittiğinde, iflas tedbiri alınan şirketler listesine katıldı.

1990'larda şirket, bazısı ilk kez olarak ABD'nin dışında olmak üzere, 80-100 civarında mağaza açarak hızlı bir genişleme gösterdi. Satışlar, 500 milyon doların altından 2 milyar doların üstüne, sürekli olarak ve en azından ilk yıllarda her parçası da ilerleyerek, büyüdü. Ancak 1995'ten başlayarak, kazanç adımlarının hızlanmasıyla, kâr oranı birçok nedenden dolayı çok keskin bir şekilde düştü.

Şirket, işi her zaman olduğu gibi yönetiyordu. Bunun amacı, ekipmanın satışının kendisinden ve ayrıca müşterilere kredi sağlayarak yüksek kârlı işlerden para kazanmaya çalışmaktı. Bu arada, kredi kartı endüstrisi canlanıyordu ve müşteriler ekipmanlarını almak için stoklardaki kredi yerine kredi kartlarını kullanıyorlardı. Şirket bir ana gelir kaynağını kaybetti. Alacağı olan yerlerden bazıları ödemelerini yapmayan müşterilerdi. Ayrıca, yeni mağazalardan yapılan satışlar beklentileri her zaman karşılamıyordu ve eski mağazalardan yapılan satışlar, şirketin ihtiyaç duyulan yenilikleri yapamamasıyla azalıyordu.

1998'den itibaren, şirket para kaybetmeye ve 1999'da

masrafları kısmaya başladı. Mağazaları kapattı ve bazı iş birimlerini sattı. Borç yükü hâlâ çok büyüktü ve Ağustos 2000'de yeni tayin edilen bir CEO'nun liderliğinde şirket, 11. Bölüm'de anlatıldığı gibi, iflasını istedi.

Bundan dolayı, genişliği başarının bir ölçütü olarak kullanmayın. Daha fazla satış için zorlamak, iyi iş için zorunlu değildir. Nasıl ve neden büyüdüğünüzü bilmek zorundasınız. Ve devam edilebilecek bir yolda büyüyüp büyümediğiniz üzerine düşünmek zorundasınız.

Nakitinize ne olduğuna bakın. Belki satışlar artıyor, ama nakit durumu kötüleşiyordur. Geri adım atın. Nakiti üreten bir yoldan mı yoksa tüketen bir yoldan mı büyüyorsunuz? Kâr marjınız artıyor mu yoksa azalıyor mu?

Para kazanıyorsanız ve nakit de büyüyorsa, bazı ilginç tercih haklarınız var demektir. Fonlarınızı yeni bir ürün geliştirmek, başka bir şirketi satın almak ya da yeni bir ülkeye yayılmak için kullanabilirsiniz. Belki de ürününüzü daha cazip hale getirmek için bazı yeni özellikler eklemek istersiniz. Belki de fiyatları kısar ve talebi kârlı bir şekilde arttırabilirsiniz.

Diğerleri bulamazken, kârlı büyüme için fırsatlar bulmak, iş sezgisinin bir parçasıdır. Wal-Mart'ın kurucusu olan Sam Walton, nasıl büyüyeceğini, endüstrideki rakipleri imkansız olduğunu düşünseler de, biliyordu. 1975'te Sears'ın CEO'su Roebuck Northwestern University's Kellog School Of Business'taki sınıfına verdiği bir derste, ABD'de perakendeciliğin artık olgunlaşmış ve büyüyemeyecek bir endüstri olduğunu söylemişti. Bu yüzden finansal hizmetleri çeşitlendirdi. Bu arada Sam Walton, endüstri ortalamasının tatmin edici bir oranda üstünde mal dönüşümü sağlarken yeni mağazalar açıyordu.

Wal-Mart kendisiyle Sears arasındaki mesafeyi açtı. 1992'de işleri çap olarak aşağı yukarı aynı olmasına karşın, Wal-Mart'ın 31 Ocak 2000'de biten yıldaki satışları 165 milyar dolarken, Sears'ınki yaklaşık olarak 40 milyar dolardı. Genişleme sürecinde, Wal-Mart'ın hem marjı hem de hızı arttı. Wal-Mart'ın üstün getirisi uluslararası genişleme için kaynak da sağladı. Kârlı büyüme fırsatları, özellikle büyük, oturmuş şirketler için açık olmayabilir. Ama inisiyatif, kararlılık ve risk almayla siz ve iş arkadaşlarınız bunu keşfedebilirsiniz. Örnek olarak Ford'u ele alın. Jac Nasser'ın 1999 Ocak ayında güvenlik analistleriyle yaptığı bir toplantıda yatırım topluluğuna söylediği gibi, Ford büyümenin çok sayıda yolunu değerlendiriyordu ve değer üretmek için en fazla potansiyeli olanları uygulayabilecekti. Ford'un büyüme opsiyonlarından biri, araç sahipliği üzerinden şekillenen bir hizmet alanı sağlamaktı. Nasser, şirket elde edinimleri ve yan sektörleri kullanarak bunu yapacaktı. Yan sektörler, esas işten farklı, ama yakın ilişkili pazar bölümlerini tarif etmek için kullandığı kelimedir; Nike'ın esas işi olan spor ayakkabı satarken aynı zamanda spor elbiseler satması gibi. Ford'un da gördüğü gibi, bir araç satın alan tüketicinin, onu finanse etmesi, sigortalatması, zamanı gelince bakımını yapması ve yenilenecek parçaları satın alması gerekir. Finansman, sigorta, bakım ve oto parçaları ayrı pazar bölümleridir, ama ilk alınan araçla yakın ilişkilidirler.

Arabanın ömrü boyunca, ortalama bir insan toplamda 68.000 dolar –ortalama tüketicinin araç satın almak için harcadığı paranın neredeyse 3,5 katı– harcar. Ford, tüm bu bölümlerde yer alarak büyümeyi ve hissedarlar için değer yaratmayı umdu. Bu yüzden 1999 yılında, Avrupa'da bir oto tamir zinciri olan KwikFit'i ve arabaların her şeyine servis sözleşmesi sağlayan Automobile Protection Corporation'ı satın aldı.

Ford ayrıca, e-ticareti saldırgan bir şekilde kullanarak, yakıt büyümesini planladı. Şirket, daha fazla müşteriyle daha hızlı bağlantı kurmak ve kendisine mal sağlayan firmalarla ve satıcılarla iletişim kurarak tüketicilere istedikleri aracın temin edildiği zamanı kısaltmak için internet'i kullanmayı planlıyordu. Bu yolla, hem müşteri memnuniyeti hem de satışlar artacaktı.

MÜŞTERİLER

Sokak satıcısı, müşterilerini iyi tanır. Onları basitçe izleyerek, meyvelerini sevdiklerini, memnuniyetsizliklerinin arttığını ve tercihlerinin değişip değişmediğini fark edebilir. İş sezgisi olan CEO'lar, müşterilerle aynı yakın ilişkiye ve onları memnun etmeden işin büyümeyeceğine dair güçlü bir inanca sahiptirler. Bu durum evrenseldir.

Çoğu şirket tüketici ihtiyaçlarını anlamaya çalışmak için anket ve odaklanma grupları kullanmasına rağmen, en iyi CEO'lar yalnızca klinik verilere bel bağlamazlar.

Hareketten uzak dururlarsa, pazar payındaki önemli değişimleri ve fırsatları kaçırabileceklerini bilirler. Birçoğu, kendi ürünlerini ve hizmetlerini kullanan insanları gözlemlemek ve doğrudan konuşmak için özel çaba sarf ederler. Sam Walton, tüketiciyle teması asla kaybetmeyen CEO'lara mükemmel bir örnektir. 30 milyar dolarlık bir perakende imparatorluğunu yönetirken bile işlerin nasıl gittiğini görmek için mağazaları düzenli olarak dolaşmıştır.

Bob Nardelli, 2000 yılında The Home Depot'a yeni CEO olarak geldikten sonra, Amerika'nın bir yanından öbür yanına çok sayıda mağazayı dolaştı. Home Depot'u simgeleyen portakallı önlüklerden birini giydi, çalışanların arasına karıştı ve müşterilere servis yaptı. Böylece müşteri ve çalışanların birbirlerini nasıl etkilediklerini gördü ve müşterilerin tekrar tekrar neden geldiklerini buldu. Müşterilerle yakın bağlantı, ona yeni ürün bölümleri ortaya koyarak, çalışanların zamanlarını depoyu tekrar doldurmak için kullanarak şirketi üst seviyeye çıkarması için fikir verdi.

Jac Nasser da Ford araba ve kamyonlarını nasıl kullandıklarını ilk elden görmek ve duymak için dünyanın çeşitli bölgelerindeki müşterilerle zaman geçirdi. Değişik ülkeleri dolaştığında, gençlerin renk ve stildeki trendlerini gözlemlemek için genç insanların toplandığı yerlere gitmeye özen gösterdi.

Doğrudan bağlantı, diğer pazar araştırmalarının sağlayamadığı bir anlayış sağlar. Bir defasında Nasser, Miami'deki bir grup Hispanik gençle sohbet ederken, arabası olanlardan biri, arabasına hiç aksesuar eklemediğini söyledi. Ama Nasser arabayı kullanmak için genç adamla birlikte arabaya bindiğinde, gerçekte bir karavan bağlantı parçası, bir özel geniş açılı dikiz aynası, lastik altlıklar ve sürüş lambaları da dahil olmak üzere bir sürü yeni aksesuarın olduğunu gördü. Sahibi, bu parçalardan bahsetmeyi düşünmemişti; çünkü onlar "arabanın artık standart bir parçası" olmuşlardı.

En iyi CEO'lar, sadece müşterilerden para kazanmaya odaklanmanın dargörüşlülük olduğunu bilirler. Jac Nasser bu yüzden, Ağustos 2000'de Ford Explorer'larda kullanılan 6,5 milyon lastiği geri çekmiştir. Nasser, lastiklerin yenilenmesini hızlandırmak için üç fabrikayı üç hafta boyunca kullandı. Ford'un para kazanmasının geçici olduğunu ve müşteri güvenliğinin her şeyden önce geldiğini anlamıştı. Tüm bunlardan sonra, müşterilerin güveni haricinde, geriye kalanlar önemli değildir.

Şirketinizde, ürünlerinizi satın alan ve kullanan insanlar için "müşteri" tabirini kullanabilirsiniz. Sonuçta ürünlerinizi kullanan insanlar –tüketiciler– olabilir ya da olmayabilirler. İkisini de anlamak önemlidir. Colgate-Palmolive yeni ürünler geliştirdiğinde, tüketicinin gereksinim ve isteklerini anlamak ister, ama işlemlerin çoğu –lojistik, indirim, sipariş programı, rafa koyma, alım satım– Wal-Mart gibi müşterilere hizmetle yükümlüdür.

Müşteriler hakkında düşünürken basit olun. Müşterilerin satın aldığı ürünleri nasıl tarif edebilirsiniz? Fiziki bir ürün olmayabilir. Belki de güvenilirlik, rahatlık ya da hizmet satın alıyorlardır. Birçok iş ve sokak satıcısı için, tüketicilerin satın aldıkları ürünler güvenilirlik içerirler.

Liderlerin müşteriyle teması kaybetmesinden ötürü sıkıntıya giren çok sayıda şirket vardır. Tüketicileri tanımanın ne kadar önemli olduğunu anlatmak için Sears'ı örnek olarak alalım. 80'lerin sonu ve 90'ların başında orta sınıf kadınlar, yüksek marjlı markalı giysilerin fiyatını düşüren pahalı mağazalardan ya da fiyatları düşük tutarken giysileri daha nitelikli hale getiren toptancılardan giysi satın alıyorlardı. Sears, trendi tamamen kaçırdı. Yıllardır mal satın aldığı firmalardan, fiyatta indirimli satış yapan toptancılarla fiyat konusunda baş edemeyen firmalardan elbiseler satın alıyordu. Tüketiciler, ne istedikleri tarzda ne de istedikleri fiyatta elbise alamıyorlardı.

Sears'a 1992'de alım satım bölümünü idare etmek için katılan ve 1995'de CEO olan Arthur Martinez, bayan tüketicilerin Sears'ın sunduğu ebiselerden açıkça hoşlanmadığı gerçeğini öğrendi. Sears işletilen gelirin (satılan mallar, federal vergi ödemeleri ve benzerlerinden gelen gelir ve giderlerden değil, işin normal işlemlerinden gelen kârlar) nerdeyse üçte ikisini üreten bayan giyim departmanını genişletti ve yeniden tasarladı. Popüler markaları vurgulamaya başladı ve "Sears'ın yumuşak tarafı" kampanyası boyunca yapılan değişiklikleri insanlara duyurdu.

Sears müşteri ödemelerine odaklanmıştır: Satışlar istikrarlı bir şekilde, 1994'te 29 milyar dolardan 1995'te 31 milyar ve 1996'da 33 milyar dolara yükselmiştir. İşlem gelirleri de aynı yıllarda satışların % 4.9'undan % 5.4'üne ve % 6.1'ine yükselmiştir (90'ların sonunda Sears, Target,

Wal-Mart ve diğer perakendecilerin ciddi rekabetleri altında yeniden konumunu kaybetmiştir).

Önceleri alabildiğiniz fiyat ve marjları artık edinemiyorsanız, bunun nedenini anlamak için müşterilerle konuşun. Onları doğrudan, aracısız, dağıtımcıların ve diğer aracıların gözlerinden bağımsız gözlemleyin.

Bu insanlar müşteri sadakatinden bahsederler. Ama müşteri sadakatini, müşterilerle bağlantıda olduğunuz her an kazanmak zorundasınız. Müşterilerin alacaklarını sizden almak için basit bir nedene ihtiyaçları vardır. Onlara gerçekten ihtiyaç duydukları ya da istedikleri birşeyler vermek zorundasınız. Neye ihtiyaç duyduklarını –onlardan– öğrenmek zorundasınız. Bu sağduyudur. Bu 'iş sağduyusu' eksik oldukça gafil avlanabilirsiniz.

Şirketinizin Toplama İşini Anlama

PARÇALAR NASIL BİR ARAYA GETİRİLİR

Para kazanma öğeleri –nakit üretimi, marj, hız, getiri ve büyüme– ölçülebilir. İş sezgisi olan insanlar bu kelimeleri bir ders kitabındaki terimler gibi ezberlemez. Gerçek anlamlarını kavrar, birinin bir diğeriyle ilişkisini içgüdüsel olarak sezer ve onları zihninde bir resim çizmek için kullanırlar. Gerçek iş insanları para kazanmanın öğelerini, toplam işin sezgisel kavrayışını edinmek için birleştirirler.

Bir doktorun teşhisi basit bir karşılaştırmadır. Doktor sizin kan dolaşımınızı, kan sayımınızı, ateşinizi ve benzer ölçümleri alır. Basit ölçümlerden, vücudunuzda neler olduğuna dair sonuç çıkartabilir. Yine de kaç test yapılırsa yapılsın, iyi bir teşhis vücudun kapsamlı sağlık durumuna dair doğru düşünüp karar verme yetisi ister. İlerliyor mu, geriliyor mu? İyi bir doktor, vücudun tedavi edilemez bir hastalıktan etkilendiği sonucunu çıkararak bile hayatınızı koruyabilir. Jack Welch'in, Temmuz 2000'de, GE'nin ikinci çeyrek kazançlarının % 21 arttığını bildirdiği basın bülteninde, sonucun şirketin "tepe çizgideki büyümeyi artan marjları ve güçlü nakit üretimini" okuma yeteneğini gösterdiğini ifade eden sözleri dikkat çekicidir. İş düşüncesini görebilirsiniz; nakit, marj ve büyüme. GE'nin işlem marjı önceki yılın üstündeydi, satışlar arttı ve şirket yılın ilk yarısında 5,9 milyar dolar nakit üretti. Temeller, GE'nin toplam bir iş olarak, iyi bir planlama çıkardığını gösterdi. Welch, nakit üretimi, marj, hız, getiri, büyüme ve müşteriler arasındaki ilişkilerde iyice uzmanlaştı. Bir şirket, verimliliği sürekli olarak arttırırsa marj artar ve nakit üretilir. Marjlar ve hız arttığında, müşterilerle daha fazla ilgilenmek için imkanınız olur, böylece daha büyük bir pazar payına sahip olursunuz ve şirket büyür.

Ford Motor Company arşivlerinden ve David L. Lewis'in Henry Ford'un Toplumsal İmajı'ndan bir örneği kullanalım. Henry Ford'un toplam işin nasıl para edeceğine dair sezgisel bir hissi vardı. Sadece üretim tekniklerinde efsanevi değişiklikler yapmakla kalmamış, aynı zamanda 1909'dan 1915'e kadar, bir arabanın fiyatını her yıl azaltmış ve günlük 5 dolarlık işgünü sistemini yerleştirmiştir.

Henry Ford, düşük fiyatlarla yüksek ücretler arasında para kazanmaya katkısı olan bir ilişki olduğunu anlamış görünüyordu. 1914'te Ford, şirketin işçilere günde 5 dolar ödeyeceğini bildirdi. Ücret artışı çok büyüktü –2.34 dolardan yukarı çıkmıştı– ve bu dünya çapındaki hafif bir buhran dönemi ve diğer otomobil şirketlerinin işçilerine bunun yarısını verdiği bir döneme denk geldi.

Yüksek ücretler, daha fazla insana araba satın alacak parayı verdi. 1950'lerde bir Fransız bilgini, günlük 5 dolarlık ücretlendirmenin "her işçiyi potansiyel müşteri" yapacağını söyleyerek bu durumu tanımlamıştı. Daha fazla müşteri daha fazla para, böylece düşük fiyatlarla daha fazla özgürlük demekti. Düşük fiyatlar, arabaları daha fazla insan tarafından alınabilir hale getirdi.

Başka bir öykü de Henry Ford'un iş sezgisini örnekler. 1916'da Ford'da hissesi olan Dodge kardeşler bir dava açtılar, daha fazla pay istiyorlardı. Mahkeme süreci boyunca avukatları, Henry Ford'un iş yönetimi anlayışına karşı çıktı.

Avukat, eğer Bay Ford "bir sürü insanın daha ucuz fiyata araba satın alması ve bir araba isteyen herkese bunu vermek için büyük bir yüksek ücretli adamlar ordusuna iş vermeye, satış fiyatlarını azaltmaya" devam ederse, şirket sahiplerinin nasıl kâr edeceğini sorguladı.

Bay Ford, iş yaklaşımına getirilen bu nitelendirmeleri önce dinledi, sonra yanıtladı: "Tüm bunları verirseniz para size geri döner, bu kaçınılmazdır." Henry Ford, Ford Motor Company'nin kazanan bir formülü olduğunu biliyordu. Para kazanmanın öğeleri –nakit üretimi, marj, hız, getiri, büyüme ve müşteriler– ve onların arasındaki ilişkiler, para kazanmaya devam edebilen, sağlıklı bir iş yarattı.

Henry Ford para kazanırken eğleniyordu. İşin evrensel yasalarını şirketinize uygulamaya başlarsanız aynı eğlence ve heyecan hissini siz de yakalayabilirsiniz. Ama önce bazı temel bilgileri bir araya getirmek zorundasınız. Para kazanmanın esaslarıyla başlayın. Sonra onların birlikte nasıl çalıştığını hissetmeye çalışın. Şirketinize bir sokak satıcısının gözüyle bakın. Şirketin tarihi hakkında –örneğin, sattığı ürünler ya da hizmetlerin türleri ve kaç tane üretim servisi olduğu– çok şey biliyorsunuzdur belki. Bunlar, birçok şirkette genel bilgilerdir. Bir sokak satıcısı aynı şeyleri –örneğin, mal sağlayan firmaları, satın aldığı meyveleri sağlayan kişileri– bilir.

Fakat şimdi sokak satıcısıyla iş hayatındaki birçok insan arasındaki fark ortaya çıkar. Takip eden soruları şirketiniz için cevaplayabilirseniz bunu görürsünüz. İki şirket için cevapları göstereceğiz. Ford Automotive (Ford Motor Company'nin araba ve kamyon satan bölümü) ve Gateway Company:

- *Geçen yıl boyunca şirketinizin satışları nasıldı?*

Ford Automotive için, 1999'da dünya ölçeğinde 137 milyar dolardı, tüm zamanların en yükseği.

Gateway için, 1999'da 8,6 milyar dolardı, en yüksek ve bir önceki yıldan 1,2 milyar dolar fazla.

- *Şirket büyüyor mu? Ya da büyüme düz mü yoksa azalan bir doğrultuda mı? Büyüme resmi yeterince iyi mi?*

Ford'un satışları 1998'den 1999'a % 15 arttı. 1997'den 1998'e % 3 düşmüştü. Ondan önce satışlar, ürün bileşiminin daha yüksek fiyatlı araçlar içermesinden dolayı yıllık % 5 büyüyordu.

Gateway'in satışları geçtiğimiz on yılda sürekli olarak arttı. 1998'den 1999'a % 15.7 arttı.

• *Şirketinizin kâr marjı nedir? Büyüyor mu, küçülüyor mu, yoksa düz mü?*

1999'da Ford Automotive'in kâr marjı, vergiler düşüldükten sonra, 1988'den beri en iyi seviyesi olan yüzde 4.2 idi.

Gateaway'in marjı, vergilerden sonra % 4.9 oranındadır. Bu, bir yıl önceki rakam olan % 4.6'dan biraz daha iyi bir orandır (% 4, size bir şeyler –bir Wal-Mart ya da manav dükkanı diyelim– hatırlatıyor mu? Hatırlatmalı. Bir PC şirketi, özünde, bir manav dükkanından farklı değildir. İki iş de rekabetçidir ve hızlı bir şekilde eskiyen şeyleri satar).

• *Rakiplerinizle karşılaştırıldığında, marjınız nasıl? Diğer endüstrilerle karşılaştırıldığında nasıl?*

Ford'un marjı, GM'ninkinden ve ayrıca Toyota'nınkinden, 1999'da biten yıl için, daha fazlaydı.

Gateway'in marjı, Compaq'ınkinden (% 1.5) fazla, ama Dell'inkinden (% 7.4) azdı.

• *Şirketinizin envanter hızını biliyor musunuz? Mal hızını?*

Ford'un envanter hızı 21 civarındaydı, ama bu fabrikayla satıcı arasında ulaşım halinde olan araçları ve satıcının payını içermez. Tüm bu faktörlerin birleştirilmesi envanter hızını büyük oranda düşürür. Ford'un mal hızı envanter hızından çok farklıdır. Yatırım envanterlerine ek olarak, Ford'un imalat fabrikalarındaki yatırımını, binalarını, ekipmanını, aletleri ve kabul edilebilir hesaplarını düşündüğünüzde, 1999'da biten yıl için hız 21'den 1.3'e iner. Ford'un mal hızı 1.3'tür.

Gateway'in envanter hızı 45 gibi sağlıklı bir sayıdır. Mal hızı –envantere değil, satışların toplam mala bölümü– 12.6'ydı.

- *Şirketinizin mal dönüşümü ne kadardır?*

Eğer marjı ve hızı biliyorsanız, R=M x V'yi kullanarak bulabilirsiniz. Ford için :

R=M x V

Ford'un getirisi= vergiler düştükten sonra % 4.2 x 1.3 mal hızı

Ford için R yaklaşık 5.5'dir, yönetimin isteklerine bakmaz. Şimdi tekrar R=M x V'yi kullanarak Gateway'inkine bakalım:

R=M x V

Gateway'in getirisi=vergiler düştükten sonra % 4.9 x 12.6 mal hızı

Gateway'in getirisi % 61,7'dir. Hissedarlar bundan hoşlanabilirler.

- *Şirketinizin nakit üretimi artıyor mu, azalıyor mu? Neden bir yolda ya da diğerinde ilerliyor?*

Ford'un, 1999'un sonunda 23.6 milyar dolar nakiti vardı; 1998'in sonundakiyle aynı. Ama Ford, Volvo'yu aldı ve büyüme için bazı başka yatırımlar yaptı. Ford nasıl nakit üretti? Şirket, başlıca yatırımları inceledi ve envanteri azaltmaya uğraştı. Ford, net bir nakit üreticisiydi.

Gateway, 1999'daki işlemlerden 1998'dekinden biraz daha az olan 731 milyon dolar nakit üretmiştir. O da net bir nakit üreticisiydi.

- *Şirketiniz rakiplerine karşı kazanıyor mu yoksa kayıp mı ediyor?*

1999'da Ford, Kuzey Amerika'da güçlü bir pazar payını elinde tutuyordu.

Gateway'in pazar payı artıyordu ve tüketiciler (iş müşterilerine karşı) arasında çok güçlüydü. Dell ve Compaq, genel PC pazarını domine etmeye devam ediyorlardı ve IBM'nin payı aşınıyordu.

Bu soruları şirketiniz için cevaplayabiliyorsanız işin evrensel dilini konuşuyorsunuz demektir. Şirketinizin toplam işinin resmini, bir esnafın yapacağı türden, çekebiliyorsunuzdur. Ve bu noktaya varmak çok fazla şey istemez; satışlar, marj, toplam envanter, mallar ve nakit. Bu sayıları yıllık rapordan çıkarabilirsiniz. Şirketin gerçekliğini kavramak için doğruları tamı tamına saptamamız gerekmez.

Ford'un 1999'daki temellerini hesaplayalım:

- 1999'da 137 milyar dolarlık satış; satışlarda 1998'den 1999'a artış, ama 1997'den 1998'e azalma.
- Başlıca pazarlarda güçlü pazar payını koruma
- Vergiler düştükten sonra % 4.2 kâr marjı
- 1.3 mal hızı
- Çok az envanter hızı (ulaşım halindeki araçları ve satıcıların paylarını içeren)
- Nakit üretimi

Şimdi Gateway Computer'ı özetleyelim:

- 1999'da 8.6 milyar dolar satış: Satışlar 1998'in üzerinde
- Pazar payı yükselişte
- Vergiler düştükten sonra % 4.9 kâr marjı
- Mal hızı 12.6
- % 45'lik çok yüksek envanter hızı
- Nakit üretimi

1999'da Ford için çalıştığınızı ve şirketin net bir nakit üreticisi olduğunu, kâr marjının, rakipleriyle karşılaştırıldığında çok iyi ama diğer endüstrilerle karşılaştırıldığında düşük olduğunu, büyümenin istediğiniz gibi olmadığını ve hızın düşük olduğunu bilseydiniz ne yapardınız? Neye odaklanmanız gerektiğini sezebilecek miydiniz? Sorumluluk alabilecek miydiniz? Müşteri memnuniyetini ya da verimliliği arttıracak yollar arayabilirsiniz.

Heyecan verici yeni ürünler geliştirmeye odaklanabilir ve hızlıca hayata geçirmek için sıkıca çalışabilirsiniz. Ve büyük yatırımların, işin daha kârlı büyüdüğü alanlara yapılmasını sağlamak için fazladan çaba sarf edebilirsiniz.

Şimdi de, diyelim ki Gateway için çalışıyorsunuz. Gateway'in marjı Ford'dan çok fazla değil, ama envanter hızı inanılmaz. Mal dönüşümü çok fazla. Şirket pazar payını büyütüyor ve geliştiriyor; fakat pazar payı Dell ve Compaq'la karşılaştırıldığında hâlâ küçük. Yükselen pazar payı, bu iki devle rekabette muazzam bir yardım sunabilir. Pazar payının yeni ürün ve hizmetlerle arttırılması için uygun yollar arar mıydınız? Toplam işin bir resmi ilginizi çeker miydi?

Şirketinizi anlamanızda size yardım edecek soruları size sunduk. Cevaplamak için ihtiyaç duyduğunuz bilgileri yatırım ilişkileri departmanınıza sorun. Rakamlar, birçok şirketin web sitelerinde ayrıca var. Merrill Lynch gibi firmalardaki güvenlik analistleri de bu bilgilere sahiptirler. Kamu şirketleri için, Birleşik Devletler Güvenlik ve Mübadele Komisyonu'nun web sitesindeki yıllık raporlarından doğrudan edinebilirsiniz. (www.sec.gov/edaux/searches.htm)

Bu bilgilerin hiçbirinin gizli olmadığından hiç kuşkunuz olmasın. Bunun için sorduğunuz sorular, siloların ötesinde düşünmek ve toplam işe yardım etmek için duyduğunuz canlı isteği nasıl yöneteceğinizi gösterecektir.

En özel şirketlerle (hissedarsız olanlar) olan işlerimde, yönetim çoğu kez bilgiyi paylaşmayı amaçlar, ama insanların bunu anlamadığına ya da ilgilenmediğine inanırlar. İsteğinizi onların dikkatine sunun. Pozitif tepki vermeleri muhtemeldir. Belki bu kitap onları bilgileri düzenli olarak yaymaları noktasında teşvik edecektir.

Belki patronunuzu, işin evrensel dilinin yalnızca üst düzey yönetici kurullarına ait olmadığı noktasında ikna edebilirsiniz. Nakit üretimi, marj, hız, getiri, büyüme ve müşteriler, herkesin kelime dağarcığının bir parçası olmalı. Onlara, çalışanların işin gerçekten nasıl gittiğini bildiklerinde ve iş sezgilerini uygulayabildiklerinde daha fazla katkı sunabileceklerini hatırlatın.

II. BÖLÜM

GERÇEK DÜNYADA İŞ SEZGİSİ

Dünya Karmaşıktır, Liderler Berraklığı Sağlamalıdırlar

İŞ ÖNCELİKLERİNİ ANLAMAK

Şimdi bir sokak satıcısının ve bir CEO'nun gerçek dünyası hakkında ve ne kadar benzeştiklerine dair bir şeyler biliyorsunuz. Sokak satıcısı iş sezgisini, dış çevreyi ölçmek ve fiyatlarda, marjlarda ve satın alımlarda karar vermek için kullanır. Fiyatları düşürüp daha fazla satış yapmak ve nakit üretmekle, fiyatları düşürmeyip bir envanteri bir dahaki gün için tutarak bozuk meyve ve mutsuz müşteri riskini almak arasında tercih yapmak gibi bir durum söz konusu.

Şimdi küçük, orta ve büyük şirketlerin gerçek dünyasına bakalım. Bu şirketlerin çoğu halka açıktırlar ve en ufak bir hatanın bedelini ağır bir çekilde ödemektedirler. Bu şirketlerin CEO'larının bildiği –çoğumuzun bilmediği– sokak satıcılarının dış dünyada neler olduğunu algılamak ve işlerinin karmaşıklığını basitleştirmek için kullandıkları sağduyunun aynısını kullanmaktır. İş sezgilerini, açık ve belli öncelikleri ya da gerçek dünyada para kazanan, şirket sahipleri ve hissedarlar için zenginlik yaratan kalemleri saptamak için kullanırlar.

Her iş belli bir seviyeye kadar karmaşıktır. Ford'u ele alın, 1999'da dünyanın en büyük ikinci otomotiv firmasıydı. 350.000 işçisi vardı, her yıl 200 ülke ve bölgede 7 milyon araç satıyordu (günde 20.000) ve her biri kendi ekonomik resmine, sürümüne, müşteri trendlerine, rekabet dinamiklerine ve sosyal kaygılara sahip 112 fabrikayı işletiyordu. Ford'un 8 temel araç markasına (Ford, Lincoln, Mercury, Volvo, Jaguar, Aston Martin, Land Rover ve yüzde 33'üne sahip olduğu Mazda) ek olarak, her araçta değişik opsiyonlu birçok tabela markası (Mustang, Focus ve benzerleri) vardır. Ford, dünya ölçeğinde düzinelerce ortaklıklara sahiptir; sadece diğer araba üreticilerine değil, ayrıca dünyanın en büyük otomobil finansman şirketi olan Ford Credit'le rekabet eden büyük bankalar ve kredi birlikleri bunun içindedir. Bu karmaşıklığı kaplayan ve tamamen kontrol edilemez ve tahmin edilemez olan diğer iki husus: para dalgalanmaları (örneğin Avrupa Birliği'nin para birimi olan euro 1999-2000 döneminde dolara karşı % 25 değer kazandı) ve Fed tarafından ayarlanan faizlerin sürekli belirsizliğidir (yüksek faizler ekonomiyi er geç yavaşlatır, araba ve kamyonlara olan talebi azaltır).

Sıradışı iş liderleri hiçbir bilgisayarın yapamadığını yaparlar. Dış çevreyi tararlar ve dış dünyada devam eden tüm şeylerin dışında, önemli gidişat ve trendleri teşhis edebilirler.

Yeni bir pazarın yaratıldığını ya da yeni bir ihtiyacın ortaya çıktığını bildirmek, sırf tahmin değildir. Gelecek, halihazırda var olanlar tarafından yaratılır. PC için gereken teknolojilerin –monitör, mikro işlemciler, yazılım ve lazer yazıcılar– hepsi yetmişlerin ortalarında vardı. Tohumlar atıldığında Apple, ofis otomasyon devlerini hazırlıksız yakalamıştı. Xerox, PC markası olan Alto'yu, 1979'da televizyonda, ticareti yapılan ilk PC olarak tanıttı. IBM, ilk PC'sini 1981'de piyasaya çıkardı.

Ancak bu arada Steve Wozniak'la çalışan Steve Jobs, bağımsızlık ve özgürlük vaadeden bir makinenin para kazanma potansiyelini görecek iş sezgisine sahipti. Bir garajda çalışarak, 1976'da Apple'ı ortaya çıkardılar. Cömert sermayedarlara hiç ihtiyaç yoktu. Apple, ilk ayında para kazandı ve on yılda bir milyar dolarlık satışa ulaştı.

En iyi CEO'lar, şirketin içinde ya da dışında olsun, iş sezgilerini, karmaşıklığı para kazanmanın esaslarına indirgemek için kullanırlar. Zihinsel mücadeleden keyif duyarlar. Böyle yapmak, mantıklarındaki kusurları keşfetmelerine yardım eder ve doğru yolda olduklarına dair güven verir. Doğru tercihleri yapmalarına yardım eder ve onları daha kararlı hale getirir. İş sezgisi, müşterileri tutacak ve aynı zamanda tüm önemli para kazanma hedeflerini –hepsi gerçek dünyanın içinde– kazanacak olan üç ya da dört (beşten fazla değil) iş önceliğini seçmede yardım eder.

Bir iş önceliği, belirli bir zamanda yapılması gereken en önemli hareketi tarif eder. Bugün GE'de e-ticaret, bir iş önceliğidir. Nedeni budur. Herhangi birinden, herhangi bir yerde, herhangi bir zamanda bir şeyler öğrenmeye istekli olan Jack Welch, internet'in hızı, para transferi ve GE'yle ona mal sağlayan firma ve bağlı ortaklarla arasındaki bilgilendirme işlemlerinin kalitesini arttırdığını hemen fark etti. 1 dolara mal olan bir işlem, online olarak 2.5 sent gibi çok küçük bir meblağa mal oluyor ve daha hızlı tamamlanıyordu. Masraflar düşecek ve verimlilik artacak, böylece kâr marjı da artacaktı. Ve eğer GE rakiplerinden önce davranırsa, pazarda bir üstünlük kazanacak ve büyümesini hızlandıracaktı.

Ya da Ford'un iş önceliklerine bakın. 1997'de dünya çapındaki Ford Automotive Operations'un sorumlusu olan Jac Nasser, fiyat düşürülmesinin devamına uygun bir ortam olduğu sonucuna vardı. Cesur bir yargıya vardı ve genel bir fiyat yükselişinin sürdürülebilir olmadığını tüm dünyaya ilan etti. Kapsamlı bir fiyat artışı olmadan, doğru önceliklere odaklanarak para kazanacaktı. Marjların düşemeyeceğini ve büyümenin hâlâ zorunlu olduğunu söyledi.

Nasser'ın koyduğu iki iş önceliği, ilk olarak uygun programlarla 1 milyar dolarlık masraf azalması ve ikinci olarak da 1 milyar dolarlık sermaye yatırımı azalması. Bazı ürünler ve hatta ek sermaye masrafı gerektiren, Aerostar ve önceki Cougar gibi, tabela markalar bile ortadan kaldırılmak zorundaydı. Karar ve iş öncelikleri doğruyu gösterdi. Ford durağan fiyatlarla yüksek marj, nakit üretimi, getiri ve büyüme sağladı.

Sonra dünya değişti. 2000'e kadar, masraf azalmasının Ford'da hayatın bir parçası olmasıyla, iş öncelikleri yönünü müşteri memnuniyeti ve e-ticarete yöneltti. Bu öncelikler, günlük iş kararlarına değil, beklenmeyen durumlara, kriz ve çıkan fırsatlara verilen tepkilere de rehberlik etti. Ford'un e-ticarete odaklanması, örneğin GM ve diğer oto üreticileriyle bir satın alım değişimi olan Covisint'in şekillenmesini sağlamıştır.

Ford'un müşteri memnuniyetine olan vurgusu, CEO'ya, Firestone lastik geri çağrımı boyunca kararlı davranması noktasında yardım etmiştir. Bu, nasıl tepki verileceği noktasında temel kriter olmuş ve müşterilerin lastik yenilemesini kısa bir zamanda yapması için, yeni araç üretiminin bir süre için geçici olarak durdurulmasına karar vermesini sağlamıştır. Kriz boyunca şirketin içeri ve dışarıdaki iletişiminin istenildiği gibi olmasını sağlamıştır.

1990'larda bir numara statüsünü Wal-Mart'a bırakan, indirimcilerin büyükbabası Kmart, hızını ve marjını geliştirmeye başladı ve müşteriler için pozitif bir deneyim yarattı. Eylül 2000'de üst kadro, yeni CEO Chuck Conaway'in uğraşıyla işin lojistiğinin gelişimini içeren birçok iş önceliği tespit etti. Şirket, doğru malı doğru fiyatla satın almak, raflara mümkün olduğunca hızlı ve randımanlı bir şekilde yerleştirmek ve güzel bir ambiyans yaratarak müşteri çekmek zorundaydı. 2001'in ortalarına kadar yatırımcıların, şirketin önceliklere eğilebileceğine dair şüpheleri arttı. Bununla birlikte, odak noktası açık ve işin temellerine bağlıydı.

KARMAŞIKLIKTAN BASİTLİĞE

İş sezginizi kullanın ve ticari mücadeleniz üzerine bulmacaya kafa yorar gibi eğilin. Üstüne düşünecek, hepsi de çok farklı içsel ve dışsal şeyler vardır. Faiz oranlarından pazar trendlerine ve hükümet düzenlemelerine, her değişken için gelecek tahminleri olduğu kadar bugün sunulan statüler de vardır. Büyük resme bakın ve değişkenlerin bir araya nasıl getirileceğini görün. Sonra iş temelleri üzerine düşünün. Para kazanmanın temelleri, şablonlar ve trendlerle ilgili düşüncelerinizle nasıl birlikte çalışabilir? Aralarındaki ilişkiler nelerdir? İş önceliklerini görmek şirketi bir para kazanma makinesine nasıl dönüştürür?

Düşük envanter, birçok para kazanma nedeninden ötürü Dell Computer için bir önceliktir. Dell'in düşük envanteri, şirketin nakitini çeşitli öğeleri satın almak için kullanmak, haftalar ve aylar boyunca raflarda duracak ürünler yapmak zorunda olmaması anlamına gelir. Ayrıca PC endüstrisinde modası geçmiş üretim yapmak çok büyük bir risktir ve parçaların fiyatları sürekli düşer. Eğer envanteriniz çok güncelse, müşterilerin ürünleri son teknoloji olmamasından dolayı reddetmesi noktasında daha risksiz durumdasınızdır.

Eğer parça fiyatları her hafta düşüyorsa indirim avantajınız olur. Fiyatlarınızı düşünebilir, böylece ürününüzü daha çekici hale getirirken halihazırdaki, zaten zayıf olan kâr oranınızı korursunuz. Michael Dell bu şeyler arasındaki mantıksal bağı görecek ve envanter yönetimini anlayacak iş sezgisine sahipti.

Jack Welch'in doğru iş kararlarını verecek iş sezgisini nasıl uyguladığını gösteren bir diğer örneğe bakın. Ronald Reagan'ın başkanlıktan emekli olduğu Ocak 1989'dan hemen sonra dışsal değişimler, Welch'in GE'nin uzay araçları işini yeniden düzenlemesine neden oldu. Soğuk Savaş'ın sona ermesi, Sovyetler Birliği'nin dağılması ve Berlin duvarının yıkılmasıyla, Birleşik Devletler'in savunma bütçesinin azalacağı ve savunma endüstrisinin kendiliğinden daralacağı açığa çıktı.

GE, birleşme ve şirket satın alımlarıyla bu alanda büyük bir oyuncu olabilmiştir. Fakat Welch temellere odaklanarak; büyüme, getiri ve nakit üretiminin, yatırımcıların kriterlerini karşılamayacağı sonucuna vardı. Daha iyi bir yol, işi baskın oyuncu olarak ortaya çıkacağına inandığı şirkete satmaktı: Martin Marietta. Nakit ve stoğun bir kombinasyonu için GE uzay araçları işini gerçekten Martin Marietta'ya sattı. Devam eden birleşmelerle birlikte Martin Marietta, dünyanın en büyük savunma ihalecisi Lockheed Martin oldu. GE, stoklarını fiyatlardaki doyurucu bir artıştan sonra Lockheed Martin'e sattı. Böylece Jack Welch, dış dünyadaki değişimlerin farkına vararak ve kararlarına rehberlik etmesi için işin temellerini kullanarak, GE hissedarları için muazzam bir değer yarattı.

Bir CEO olmasanız bile, iş sezgisi size doğru kararları vermeniz için karmaşıklığı basitleştirmede her gün yardım eder. Bir tüketici eşyaları şirketinde pazarlama yöneticisisiniz diyelim. Dört ürün çizgisini –çamaşır deterjanı, bulaşık deterjanı, diş macunu, ev temizleyicileri– idare ediyorsunuz. Hangi ürün çizgilerinin para kazandığını gerçekten biliyor musunuz? En çok parayı hangisinin kazandığını? Hangilerinin para tükettiğini? Hangilerinin ürettiğini? Bir ürün çizgisi diğerilerine göre istikrarsız mı? Bunları, sokak satıcısının elmasından portakalına bildiği gibi, bilmelisiniz.

Yeni bir ürün tasarlayan bir mühendissiniz belki. Şirketin toplam para kazanma resmine nasıl oturtursunuz bunu? Tasarımınız müşteriyi memnun edecek ve iyi bir marj kazandıracak mı? Müşteri tarafından diğer bir rakibe tercih ediliyor mu? Yeni ekipmanlar gerektiriyor, bu yüzden nakiti tüketiyor ve hızı azaltıyor mu? Şirketin hazırdaki ekipman ve aletlerini kullanabileceğiniz, varolan ürünlerin basitçe bir uzantısı mı?

Tasarımınız mevcut ekipmanı kullanırsa nakiti korur. Aynı malları kullanarak daha fazla satış yaparsanız hız artar. Bir mühendis olarak, bu yoldan düşünerek –iş sezgisini çalıştırarak– katkı yaparsınız. Ford, mühendislerini bu tür bir iş sezgisini kullanmaları yönünde yetiştiren bir şirkettir.

Belki de satıştasınız. Büyük müşterilere satış yaparak birçok iş üretirsiniz. Fakat onlarla müzakere etmek zordur. Büyük indirimler ve uzun kredi müddetleri –45 günlük genel sürenin yerine 90 gün– isterler. Müşteri için, genel kredi müddetinden ve indiriminden fazlasını vermeden, nasıl değer yaratacağınızı anlamak için iş sezginizi kullanmaya çalışın. Örneğin Wal-Mart gibi bir şirket için satış yapıyorsanız, raflardaki ürünlerin hızlarının artması için bir yol bulabilirsiniz belki. Bu yoldan Wal-Mart ek indirim yapmaksızın yararlanabilir. Bu sokak satıcısının iş sezgisidir.

İşinizde daha fazla sorumluluk aldıkça, daha fazla karmaşık belirsizlikle karşılaşacaksınız muhtemelen. Yol boyunca iş sezgisini çalıştırırsanız, karmaşıklıkla yüzleşecek cesaretiniz olur. Birçok iş lideri, kararsız kaldığı ya da şaşkınlaştığı için sendeler. Bazıları öncelikleri açıkça koyamaz, özellikle yargıları sorun ederse. Lider öncelikleri koymayı beceremezse, değişimi aklında saklarsa ya da iletişimlerini zayıf kurarsa, tüm organizasyon enerji kaybeder.

Diğer taraftan iş önceliklerini koyar ve aralarındaki bağlantıyı temiz ve iyi işleyen bir biçimde kurarsa, insanların ne yapacaklarına dair daha net fikirleri olur. İş önceliklerinin "doğru" kurulumunu seçerse iş gelişebilir.

Bazı durumlarda CEO'lar birleşmeler ve şirket satın alımları düzenleyip Wall Street'teki güvenlik analistleri için ikna edici hikayeler inşa edip, kısa bir müddet için başarılı olurlar. Fakat iş sezgisi olmadan uzun süre dayanamazlar. Bir kez anlaşma yapıldığı zaman, iş bazı şeylere, onların sağlayamayacağı bazı şeylere ihtiyaç duyar: işin esaslarına odaklanmak. Yöneticilerin "Eminim ki Wall Street'i anlıyor ama işi gerçekten yönetebiliyor mu?" ya da "Bir işadamı mı yoksa sadece bir anlaşma yapıcı mı?" gibi şeyler söylediklerini birden çok kez duydum.

Çok uluslu bir Amerikan şirketinin CEO'sunun durumunu ele alalım. Wall Street, Avrupalı bir rakibi satın alma işini idare ettiği için adamı epeyce övmüştü. İki şirket güçlerini birleştirerek küresel endüstride gerçek bir güç odağı olabilirlerdi. Yatırımcılar memnundular ama bu durum uzun sürmedi. Şirketler birleştikten sonra yatırımcılar, anlaşma yapmanın başka, ticaret sezgisinin çok başka şeyler olduğunu keşfettiler. CEO, yeni şirket için iş önceliklerini görmedi, bu yüzden gereksiz aktivite ve fonksiyonlar yeterince hızlı elenemedi ve önceki iki şirket, pazar eforlarını koordine edemediler. Birleşme iyiydi, ama beklenen çıkarlar –daha iyi kârlılık ve büyüme– somutlaşmadı. Yönetim kurulu, CEO'dan istifasını istemek zorunda kaldı. Bu senaryo defalarca tekrarlanmıştır.

Zenginlik Para Kazanmaktan Fazlasıdır

Halka açık ticari bir şirketin CEO'sunun ana görevi, para kazanmanın ötesine geçer. Hissedarlar (ücretlerinin bir parçası olarak stok opsiyonlarını alan çalışanlar) CEO'dan onlar için zenginlik yaratmasını beklerler. En iyi CEO'lar, para kazanma ve zenginlik yaratımının fiyat-kazanç katsayısına –ayrıca P-E katsayısı ya da P-E oranı denir– bağlı olduğunu bilirler. P, bir stoğun tek bir hissesinin fiyatıdır. E, her hissenin kazancıdır; şirketin stoğun her hissesinden ne kadar kâr ettiğidir.

Evet, P-E katsayısı bir sayıdır (E'nin P'ye bölümü)

ama hesaplar içinde kaybolmayın. Şirketiniz için kesin sayıyı, finans departmanınızdaki insanlardan ya da Wall Street Journal'deki stok fiyatları listesinden öğrenebilirsiniz. Açıkça, daha yüksek P-E katsayısı daha fazla zenginlik yaratıldığı anlamına gelir.

Esasında P-E katsayısı, bir şirketin halihazırdaki ve gelecekteki para kazanma yeteneğine dair beklentileri gösterir. Para kazanma formülünün –beklenen nakit üretiminin, marjın, hızın, getirinin ve kârlı büyümenin kombinasyonu– rakiplerle karşılaştırıldığında gelecekteki niteliğini yansıtır. Fakat P-E katsayısı sadece spekülasyon değildir. Çok sıklıkla yönetimin para kazanma formülünü ayakta tutabileceği performans ve yatırımcı güveni üzerine temellenir.

P-E katsayıları, endüstriden endüstriye ve şirketten şirekete farklıdır ve zamanla da değişebilirler. P-E katsayıları, şirket para kazanma hedefini kaçırınca dikine düşmeleriyle bilinirler. Herhangi bir tutarsızlık, nakit üretimi, marj, hız, getiri ve büyüme üzerinde şüphe yaratır (Yatırımcılar tutarsızlık ve belirsizlikten nefret ederler). Diğer taraftan P-E katsayıları, para kazanma vaatlerinin tutarlıca ve tahmin edilebilir bir şekilde yerine getirilmesiyle zamanla değer kazanabilir (Yatırımcılar tutarlılığı ve üçer aylık tahmin edilebilirliği severler).

P-E katsayısının nasıl kullanıldığının bir örneğini alalım. Coca Cola ve Pepsi'yi karşılaştırın. Coca Cola'nın katsayısı, onbeş yıldır sürekli olarak, en yakın rakibi olan Pepsi'ninkinin önünde. İki şirketin yöneticileri de çok çalışıyorlar. Hırslı ve agresifler. Ama geçtiğimiz onbeş yıl için, Coca Cola'nın P-E katsayısı, Pepsi'ninkinden ortalama dört puan yüksekti. Hissedarlar, Coca Cola'nın stoklarına Pepsi'ninkinden daha fazla değer biçiyorlar. Bu, hissedarların Coke'un nakit üretimi, marj, getiri ve kârlı gelirli büyüme kombinasyonunun Pepsi'ninkinden daha iyi olacağını önceden tahmin etmesinden dolayı oluyor. Pepsi büyüme için yeni alanlar ararken, Coke bazı aksamalar ve liderlikte bir değişim yaşadı. Yatırımcıların, on yıldan fazla bir süredir yaptıkları gibi, Coke'un Pepsi'den daha iyisini yapmaya devam etmesini bekleyip beklemeyeceklerini henüz bilmiyoruz.

Eğer şirketiniz özel bir yapıya sahipse bile aynı prensipler uygulanır. Toplumsal araştırma iyi bir disiplin yaratır, ama özel şirketler kendi disiplinlerini yaratırlar. Gün içinde ve gün dışında doğru şeyleri yapmak değer yaratır. Hatırlayın, özel şirketler sık sık satılır ya da halka arz edilir ve değerleri P-E katsayısının altında yatan aynı prensiplerce belirlenir.

P-E KATSAYISI NEREDEN GELİR

Pazar güçleri, bir şirketin P-E katsayısını bireysel yatırımcıların ve güvenlik analistlerinin değerlendirmeleri üzerinden gerçekten belirlerler. Güvenlik analistlerinin işi, şirketin izleyeceği uygun P-E katsayısına karar vermektir. Eğer değerlendirmeleri şirketin, pazar yansımalarından daha yüksek bir P-E katsayısını hak ettiğini gösterirse, firmaları şirketin stoklarını satın alma eğilimine girerler. Tersi de doğrudur ayrıca: Eğer pazar, güvenlik analistlerinin şirketin hakettiğini düşündüklerinden daha yüksek P-E katsayısı yansıtırsa, bu kez de stoklarını satma eğilimine girerler.

İki güvenlik analistinin çelişik tavsiyelerinin olması çok olağandışı bir durum değildir; çünkü tavsiyeleri belli derecelerde yorum içerir. Fakat güvenlik analistleri kesin yol göstericiler kullanır ve kesin karşılaştırmalar yaparlar. Tipik olarak, şirkete endüstrideki diğer şirketlerle karşılaştırarak bakar ve endüstriyi toplam pazarla karşılaştırırlar. Böylece, güvenlik analistleri ve tüm dünyadaki yatırımcılar, şirketin stoğu hakkında böyle tespitler ve tavsiyeler sunarken, P-E katsayısı ve stoğun fiyatı yavaş yavaş gelişir.

Genel bir karşılaştırma da kişisel bir şirketin P-E katsayısıyla Standarts & Poors 500'ün –ulusun genel ekonomisini büyük oranda temsil eden elinde ve tutan 500 şirketin toplamı– ortalama katsayısına bakarak yapılır. Bir alandaki şirketlerin ortalamaları ve indeksleri konuşuyor. Mesela, 2000 yazı boyunca S&P 500'ün ortalama P-E katsayısı 23 iken Amerikan oto endüstrisinin ortalaması 8 civarındaydı. Bu, size yatırımcıların otomotiv endüstrisinin gelecek performansına, diğer birçok şirketin ve S&P 500 şirketlerine biçtiği kadar değer biçmediklerini gösterir. Daha doğrudan söylersek, yatırımcılar dünyanın en büyük şirketlerinden ikisinin, Ford ve GM, değerini % 65 indirmiştir (8, 23'ün aşağı yukarı % 35'idir, bundan dolayı da Ford ve GM'nin stok fiyatı da S&P 500'e göre % 65 azalmıştır).

Böylesine derin bir azalmanın ana nedeni geçmiştedir. Oto endüstrisi, ekonomi ne zaman durağan bir döneme girse derin bir hayal kırıklığına uğratan performans göstermiştir. Çoğu güvenlik analisti Amerikan oto endüstrisini paranın sıkışması ve faiz oranlarındaki keskin artışlar nedeniyle çok yetersiz sonuçlar vermeye eğilimli olan konjonktürel bir endüstri olarak görürler hâlâ. Konjonktürel endüstriler, yatırımcıların hoşlandığı tutarlılık ve tahmin edilebilirlikten yoksundurlar ve bu yüzden konjonktürel olmayan endüstrilerden daha düşük P-E katsayılarına sahiptirler.

P-E katsayıları bir endüstrinin içinde de farklılıklar da gösterebilir ayrıca. Perakendecilikte örneğin, 2000 Ağustos'unda Sears'ınki tek haneli rakamlardayken Wal-Mart'ın katsayısı 35'ti.

Belki de dot-com şirketlerin nasıl yerli yerine oturduklarını merak ediyorsunuzdur. İnternet şirketleri, yatırımcıların nasıl ayakta kalınması gerektiğini öğrenecekleri bir yakın zaman fenomenidirler. Birçoğunun kazancı olmayan bu şirketlere değer biçmede, genelin anladığı bir yol gösterici oluşturulamamıştır. Yatırımcılar ve güvenlik analistleri eski yol göstericileri bir kenara atmıştır gerçekte. Başlangıçta bu dot-com stokları, az bir kısmı para kazandığından, kazançlarının katsayılarına göre iş yapıyorlardı, cirolarına göre değil. Kurallara bakılırsa P-E katsayısı terimi gerçekten oturmamıştı.

Dot-com şirketlerin katsayıları, şirketlerin nasıl büyüyebileceğine dair yapılan bazı tahminlerin üzerinden şekillenmiştir. Varsayım, eğer bir şirket internet alanında başka herhangi birinin önünde olabiliyorsa er ya da geç (kimse gerçekten ne zaman olacağını bilemez) pazarı domine eder ve endüstrisinin kârlılığını kontrolü altına alır.

Birçoğu için bu bir rüyaydı. Başlangıçta yüksek kârla birlikte hızla büyüyen bu dot-com şirketlere biçilen değer, 1999'un sonundan başlayarak çok hızlı bir biçimde çöktü. Bu dot-com şirketler dev nakit yiyicisidirler. Silikon Vadisi'nde yüksek yanma oranı olarak bilinen şeye sahiptirler. Yani, yeni türeyen şirketlerin ürünlerine olan ilgiyi geliştirmek için ekipman satın almak, ücret ve pazarlama masraflarını ödemek zorunda olmaları yüzünden, her ay satışlardan kazandıklarından genellikle daha fazla nakit harcarlar. Tüm işler için nakit hayati bir ihtiyaçtır. O olmazsa dot-com şirketler bütün olarak satılmak ya da iş dünyasının dışına çıkmak zorundadırlar.

Internet dünyası gelişiyor. P-E katsayısına ne olduğunu izleyin. Ve zor kazanılan paranızı elinizde sıkı tutun.

P-E KATSAYISINI YÖNETME

Daha yüksek bir P-E katsayısı daha fazla hissedar zenginliği yaratır. İş sezgisi olan bir CEO bunu anlar. Bu gerçek, para kazanma formülünü daha önemli kılar. Eğer formül doğruysa şirketiniz para kazanır. Formül doğruysa ve şirket bunu zamanla tutarlı bir şekilde uygularsa, P-E katsayısı artar. Zenginliğin yaratılması daha çarpıcıdır; çünkü hem kazançlar hem de katsayı artar.

İşi nasıl yönettiğiniz, P-E katsayısını etkiler. Coca

Cola ve Pepsi'ye geri dönelim. On yıllık dizi boyunca, Coke'un satışları her yıl sadece % 10 artarken Pepsi'nin satışları % 14 arttı. Ama Coke satışlarından daha büyük kâr ediyordu ve yatırım getirisi sürekli olarak daha yüksekti. Şüphesiz Pepsi toplam satış açısından büyüyordu, ama Coke çeşitli para kazanma hedeflerini karşılamada daha iyi bir iş çıkarıyordu. Büyümesi Pepsi'ninkinden daha kârlıydı. Yatırımcılar bunu fark etmişlerdi. Pepsi'nin 1990 - 1999 arasındaki P-E oranındaki artışı 12 gibi kaydadeğer bir sayı olsa da, Coke'unki 27 puan arttı.

Hızı azaltmadan tepe çizgisini (satışlar ya da ciro) ve dip çizgiyi (kâr ya da kazançlar) büyüten açık bir şirket P-E katsayısını arttırır. Üstelik bir de hızı arttırırsanız bu daha iyidir. Stokların değeri artar ve hissedarlar daha zengin olur.

Şirket her hissedeki kazanç beklentilerini, bir peni bile olsa, ıskalamaya başlarsa ne olur? Cezası çok ağır olabilir. 2000'de birçok şirketin stok fiyatları, bir günde % 25-40 oranında düştü. Bu, Honeywell, Nordstrom ve Computer Associates'in başına geldi. Honeywell'in, yatırımcıları her hissenin değerinin o çeyrek için öngörülen 78 sentten 1-5 sent arasında daha düşük olacağı konusunda uyardığı Temmuz 2000'de stok fiyatları bir günde % 18, bir sonraki gün de % 10 düşmüştü. GE, şirketi kelepir denebilecek bir fiyata satın almaya çalıştı.

Bir şirket beklentileri gerçekleştiremiyorsa yatırımcılar şirketin disiplinini sorgulamaya başlarlar. Şirketin vaatlerini yerine getirip getirmediğine dair şüpheler ortaya çıkar. Bu sadece stok fiyatlarının düşüşü demek değildir. P-E katsayısı da düşer. Bu yüzden hisse kazancı vaadini, bir peni dahi olsa, ıskalamak ya da büyümenin beklendiği kadar yüksek olmadığını söylemek, zenginlik yaratımını çarpıcı bir şekilde azaltır. Honeywell 2000'in ilk yarısında önemli olçüde hissetti bunu.

Kıymetlendirmedeki böyle çarpıcı değişimlerin çarpıcı yankıları olur. Bu gibi durumlarda perdenin arkasında neler olduğunu anlamaya çalışın. Büyük yatırımcılar, yani Fidelity, Vanguard ve CalPers gibi trilyonlarca dolar para yatıran firmaların para yöneticileri, sürekli olarak CEO'yu, CFO'yu (birinci finansal yönetici), yatırımcı ilişkileriyle uğraşanları ve yönetim kurulu üyelerini çağırırlar. Bu yatırımcılar şirketin nasıl çalıştığıyla ilgili ayrıntıları araştırmaya gerek duymazlar. Para kazanmanın peşindedirler. Yatırımlarından biri, beklenen para kazanma hedefini senede iki defadan fazla kaçırırsa panik yapmaya başlarlar.

Sonra CEO, zamanını yatırımcının her şeyin yolunda gittiğine dair duyduğu şüpheyi gidermek için harcar. Enerji, işi yürütmek yerine sinirleri yatıştırmak için harcanır. Honeywell'in stok fiyatları düşmeye başladığında, CEO Michael Bosignore'in, Haziran 2000'de *Wall Street Journal*'de "Bu tamamen güvenilirliğimizi yeniden inşa etmemizle ilgili" sözleri yer aldı.

Fakat bu sadece CEO için sorun teşkil etmez. P-E katsayısı zayıflarsa tüm şirket saldırıya açık hale gelir. Birşey için, diğer şirketleri satın alma yeteneği önemli oranda azalır. Büyüyen bir şirket olmak yerine, büyümek isteyen diğer şirketler için elde edilecek bir hedef olmaya başlar.

Yatırım bankacılarının, her endüstride olduğu gibi, bir ürün çizgisi vardır. Onlarınki birleşmeler ve şirket satın alımları olarak bilinir. Bir şirket, yatırım bankacılarının performansaltı şirketleri gösteren radar ekranında görünmeye başlayabilir. Başka bir şirket, bu şirketin satın almak için kelepir bir mal olduğuna ikna edilebilir. Şimdi tüm işi satın almak için çabalayabilir ve performansı geliştirme görevini üstlenir.

İşte bir örnek 90'ların ortasında, dünyanın en büyük ve en saygıdeğer metal tel bağlayıcısı şirketi olan AMP Inc., sürekli başarıya hazır görünüyordu. Şirket, endüstrisini geliştirdi, telekomünikasyon ve bilgisayarları da içeren, birçok büyük endüstride kullanılan ürünleri sattı. Fakat AMP, para kazanmanın temellerine bakış gücünü kaybetti ve marjlarının, büyümesinin ve hızının rakipleriyle karşılaştırıldığında düşmesine izin verdi. Sonuç olarak katsayı azaldı, 1998'den itibaren önce Allied Signal ve sonra da Tyco için ele geçirilecek bir hedef oldu. Tyco, AMP'nin stoklarına değerinin iki katından daha fazla ödedi ve öncelikli problemlerini çözmeye karar verdi. Masraflarda bir milyar dolarlık azalma yaratmak, hızı ve marjı geliştirmek ve elde edilen şirketi yeniden büyük bir yörünge haline getirmek sadece bir yıl aldı. Tyco'nun hem P-E'si hem de stok fiyatları, bu birleşmenin sonucu olarak daha yükseğe çıktı.

Birleşmeler ve satın alımlar olduğu zaman neler olduğunu tamamen biliyoruz. Finansal mantık oldukça zorlayıcıdır. Birleşen şirketin kopya dağıtım servisleri, satış güçleri ve hesap departmanları olarak birleştirebileceği ya da devre dışı bırakabileceği şeyler anlamına gelen sinerjiler üzerinde temellenirler. Sinerjilerin yürürlüğe girmesi, masrafları azaltır ve masraf azaltılması herkesi, kişisel olarak, en azından bir süre için etkiler. Personel giderleri çok yüksektir. Sağlamlaştırıcı olmak eğlencelidir. 'Sağlamlaştırılan' olmak kötü bir şeydir.

Şirketinizin P-E katsayısını ve katsayının, emsalleriyle ve S&P 500'le karşılaştırıldığındaki durumunu öğrenin. Sonra düşünmek için bir dakika durun: Siz ve sizin şirketiniz sürekli, tahmin edilebilir, kârlı büyümeye; nakit üretimini ayakta tutacak kaynaklara; gelişkin marja ve/veya hıza ve böylece getiriye, 3'er aylık dönemler şeklinde odaklanmış durumda mı? Tüm bunların kombinasyonu rakiplerinizden iyi mi ve S&P 500'ünkülere göre gelişiyor mu? Eğer öyleyse, savunmada olmak zorunda değilsiniz. Güçlendirici bir endüstride girişken olabilir ve şirket elde edinmeleri arayabilirsiniz. Yıldız performansınızı devam ettiriyor ve diğer iyi insanları çekiyorsunuzdur muhtemelen. Böylesine iyi giden bir işin parçası olmak iyi hissettirir.

Yoksa şirketiniz umutsuz biçimde performansaltı ve para kazanmanın esasları açısından tutarsız mı? Bu yüzden şirketinizin P-E katsayısı, rakipleri ve S&P 500'le karşılaştırıldığında, düşmeye mi başladı? Patronlarınız ve iş arkadaşlarınız panik halindeler ya da gerçeklikten kaçıyorlar mı?

Belki de şirketinizin katsayısı endüstrideki rakiplerin katsayılarına göre oldukça yüksek, ama endüstrinin dışındakilere göre oldukça düşük. Bunu, insanların endüstrinizde büyümenin küçük bir yer kapladığını düşündüğüne dair bir işaret olarak alın. Sonra hiç büyümeme varsayımına meydan okuyun. Hatırlayın, Wal-Mart, sözde düşük büyüyen pazarlarda büyük bir pazar değeri yaratmıştı. Yönetiminize birçok soru sorun ve cevapları bulmaya yardım etmek için hazırlıklı olun.

GE'NİN PERFORMANSI

Para kazanmayla zenginlik yaratma arasındaki bağlantıyı tekrar açıklayalım. En iyi CEO'lar, iş sezgilerini işlerinin, endüstrinin ve daha genel iş çevresinin karmaşıklıklarını basitleştirmek için kullanırlar. Devamlı olarak para kazanmanın temellerini geliştirir, tutarlı bir şekilde ve durup dinlenmeksizin böyle yaparak bir performans yaratırlar. Yatırım topluluğu, hissedarlar için çok büyük zenginlikler yaratan böyle CEO'ları ve yüksek P-E katsayılı şirketleri ödüllendirme eğilimindedirler. Bu, çalışanlar için iş güvencesi ve büyüme fırsatları, stok opsiyonlarını kabul edenler için zenginlik yaratır.

GE, dünyada para kazanma performansı, P-E katsayısını arttıran ve hisedarlar için zenginlik yaratan şirketlere belki de en iyi örnektir. Size Jack Welch'in GE'nin CEO'su olduğu, Westinghouse ve GE'nin atbaşı gittiği 1981'i hatırlatmama izin verin. Westinghouse ortadan kayboldu ve GE dünyanın en değerli şirketleri arasında şimdi. Ki, eğer tüm GE hisselerini alır ve stok fiyatıyla çarparsanız, şirketin toplam değerinin, 2000'in ortalarında yaklaşık olarak 500 milyar dolar olduğunu bulursunuz (Bunu Jack Welch'in CEO olduğu 1981'deki pazar değeri olan 12 milyar dolarla karşılaştırın). 1995'te GE'nin P-E katsayısı, 13-19 arasında geziniyordu. Kasım 2000'de ise 43'tü; herhangi bir büyüklüğe sahip olan birçok şirketten tatmin edici bir oranda yüksek.

GE devasa ve karmaşıktır ve dünya ekonomisinin tüm tuhaflıklarıyla da –nakit değişkenliği, faiz oranları ve benzeri şeyler– yüzyüzedir. Fakat amansızca ve tutarlı bir şekilde para kazanmanın temellerine odaklanmış durumdadır.

GE'nin ne yaptığına bakın. Tam büyümeyi –her yıl en az % 6 satış büyümesinin (1999'da %11) 17 yıl boyunca her yıl süren marj gelişimi, her hissenin % 12-15 büyümesi– 17 yıllık bir dizi boyunca, sağladı. GE'nin envanter hızı 1995'te % 5.8'ken, 1999'da yaklaşık % 10'a çıktı. Ve GE, kendi stoğunu tekrar satın alacak nakiti üretti.

GE, sonuçları sürekli olarak okudu ve gelecekte de aynısını yapmak için gerçekçi programlar hazırladı. Yatırımcılar, yıllarca süren istikrarı görünce bunun devam edeceğini düşüneceklerdir. Yatırımcılar, GE'nin çeyrekten çeyreğe, yıldan yıla sürekli olarak daha fazla para kazanacak bir yol bulacağından emindirler. GE gerçek bir para kazanma makinesidir.

Tüm GE çalışanları eğer para kazanmaya katkı yapamıyorlarsa, GE'nin onlara göre bir yer olmadığını bilirler. Nakit üretimin, getiriyi ve büyümeyi anlamak, tüm süre boyunca müşteri ihtiyaçlarını önceden tahmin etmek ve karşılamak –kısaca iş sezgisi– şirkette kalan ve gelişen insanların genlerinde vardır. Ve GE, çalışanlarının, yaratılmasına katkıda bulundukları zenginliği paylaşmalarını sağlama noktasında, bir liderdir. Normal görevi 25 yıl boyunca stok opsiyonlarını almak olan görevliler de dahil, birçok düzeydeki GE çalışanı multimilyoner olmuşlardır.

FORD'UN P-E KATSAYISINI ARTTIRMAK İÇİN GÖSTERDİĞİ ÇABALARI

Şimdi Ford'a, P-E katsayısını geliştirmek için aktif olarak uğraşan bir şirkete bakalım. 1999'da Ford'un P-E katsayısı, S&P 500'ün 23 olan P-E katsayısıyla karşılaştırıldığında yalnızca 8'di. Bu, CEO Jac Nasser'ın iş sezgisini tekrar kullanarak doldurmaya başladığı dev bir boşluktu.

Nasser, her hafta çalışanlarına bir iş mevzusundaki samimi düşüncelerini anlatmak için bir ya da iki sayfalık bir mektup yazıyordu. Mektup, tüm dünyadaki 350.000 Ford çalışanına e-mail aracılığıyla gönderiliyordu. Ford'un stok fiyatlarının ve P-E katsayısının dikine düştüğü 2000'in başlarında Nasser'ın mektubu bunun nedenlerini açıkladı. Sonra da P-E katsayısını geliştireceğine inandığı iş önceliklerini ayrıntılarıyla planladı.

En yüksek önceliklerden biri müşteri memnuniyetiydi. Mantık şöyle işliyordu: Her şirket için fatura ödeyen kişi müşteridir. Gelişkin memnuniyet hem marjı hem de hızı geliştirir; çünkü ürünleriniz fazla durmayacak ve müşteriler markanızdaki nitelikler için biraz daha fazla para ödemeye istekli olacaklardır. Ayrıca, müşterilerle ilişki kurmak ve devam ettirmek, devamlı olarak yeni müşterileri çekmek zorunda olmaktan daha masrafsızdır. Yani müşteri memnuniyeti, satışları ve büyümeyi hareketlendirir.

Ford için bir diğer öncelik de müşteri odaklı 6-sigma olarak bilinen bir aracın kullanılmasıydı. Basit bir yolla açıklarsak, 6-sigma, Ford'un müşteri memnuniyetiyle ilgili hedeflerine ulaşmasını engelleyen problemlerin asıl nedenlerinin sistematik bir şekilde teşhis edilmesi noktasında insanlara yardım eden bir araçtır. Ford çalışanları, bunu anlamak ve müşteri deneyimlerini geliştirecek yolları tanımlamak üzere yetiştirilmişlerdir.

Örneğin müşteri telefonlarını ele alalım. Eğer telefon ilk üç çalışta açılmazsa müşteri kendisini memnuniyetsiz hisseder. Altı-sigma yöntemi, milyonlarca arama bile olsa, hepsinin en fazla üç çalışta açılmasını sağlar. Dikkatini telefonları alma ve cevap verme işleminin tamamına odaklamıştır.

Aynı yaklaşım, yeni ürünlerin pazara sunulmasında da uygulanır. Kusursuzca uygulanırsa hız, malların kullanımı ve müşteri memnuniyeti tamamen gelişir. Müşteriler için daha iyi bir deneyim, tekrar satın alımlarını teşvik eder, büyümeyi arttırır ve marjı yükseltir.

Ford için bir üçüncü öncelik de alt markalarını (Jaguar, Aston Martin, Lincoln,Volvo ve Land Rover) yeni kârlı satışlarla büyütmek için tüm dünyada geliştirmekti.

Bay Nasser, Ford'un katsayısını ilerletebileceğini düşündüğü iş önceliklerini seçmiştir. Bu kararları işin temellerine bakarak –nakit üretimi, marj, hız getiri, büyüme ve müşteriler– olarak vermiştir.

Orta düzeydeki bir profesyonelin, P-E katsayısını geliştirmek için odaklanabileceği birçok şey vardır.

Ford'da bir mühendissiniz diyelim. "Burada icat edilmemiş hiçbir şey yok" sendromunun üstesinden gelebilir misiniz? Kendiniz tasarlayacağınıza size mal sağlayan bir firmanın hazırdaki parçalarından birini biraz değiştirmek, mal sağlayan firmaya daha fazla hacim sağlar, aynı zamanda da Ford'un bunun için ödediği bedeli azaltırsınız belki. Böyle yaparak bir yılda 20 milyon dolar kazanır ve ek satış yeri ekipmanı ilave etmek zorunda kalmazsanız, hissedarlar için zenginlik üretirsiniz. Yıldan yıla bu cevapları bulursanız, P-E katsayısı yükselir. Bu departmanınız için nasıl bir iş önceliği olur? Ya üretim, pazarlama ve araba satıcıları arasındaki bir birleşme çabası, arabanın fabrikadan ayrılıp satıcıya ulaştığı ve showroom'dan ayrıldığı süreyi kısaltırsa ne olur? Para kazanma, müşteri memnuniyeti ve P-E katsayısının etkileri üzerine düşünün.

Tüm çalışanların iş sezgilerini kullanmak için fırsatları vardır. Hatırlayın, böyle zenginlik yaratımlarından faydalananlar sadece hissedarlar değildir. Çalışanlar da daha fazla kazanmak, daha fazla büyümek ve son haddinde de şirket performansaltı olduğu için dışarıdan dayatılan değişiklik baskılarından kurtulmak durumundadırlar.

III.
BÖLÜM

İŞLERİ YAPILMIŞ HALE GETİRMEK

Gelişen İnsanlar Cesaretlenirler

UYUMLULUK YARATMAK, UYUMSUZLUKLARI DÜZELTMEK

Hepimiz CEO'ların şahane iş zekalarıyla içgüdüsel olarak yaptıklarını uygulayabiliriz: Tüm düzensizlikleri işin evrensel yasalarını kullanarak kısa yoldan düzenlemek ve doğru iş önceliklerini seçebilmek. Ama nasıl para kazanılabileceğini anlamak başka bir şeydir, işi yapılmış hale getirmek başka şeydir. Bu yüzden büyük iş sezgisi olan CEO'larda sendeleyebilirler.

Her CEO'nun iyi bildiği üzere, iş hayatında üç ayda bir kilometre taşları vardır ama hiç bitiş çizgisi yoktur. Liderler sonuçları, gün içinde veya gün dışında, uzun bir periyod boyunca dur durak bilmeden okumak zorundadırlar. Sonuçları okumak, bir organizasyona enerji veren, güveni inşa eden ve ileriye gitmek için kaynaklar yaratan eylemdir.

Güçlü bir para kazanma makinesi yaratacak ve birlikte duran üç ya da dört tane iş önceliği tespit ettiğinizi farzedin. İşi gerçekten nasıl yapılmış hale getireceksiniz? Eğer sokak satıcısı gibi tek kişilik bir iş yapmıyorsanız, bunların hepsini tek başınıza uygulayamazsınız. Bunları yapılmış hale getirmek için diğer insanların yardımına ihtiyacınız vardır.

Bir CEO, bir departmanın başı ya da kariyerinin henüz başında olan biri olun, işin lideri ve insanların lideri olmak zorundasınız. Bir iş lideri nasıl davranacağını bilir. İnsanlara liderlik eden biri de sorunları nasıl halledeceğini bilir: Sonuç almak için diğer insanların çabalarını kontrol etmek, kişisel kapasitelerini genişletmek ve çabalarının eşzamanlılığını sağlamak gerekir. Bunların hepsini yaparsanız sonuçları alırsınız. Bu benim uygulama avantajı olarak nitelendirdiğim bir şeydir.

Uzağa gitmeden önce bazı şeyleri yerli yerine koyalım. İnsanların lideri olmak, "insan kişisi" olmakla aynı şey değildir. İnsanlarla iyi olmak üzerine kafa yoran birini düşünün. Böyle bir insanı nasıl tanımlardınız? Ders verdiğim bir sınıfta bu soruyu sorduğum insanlar, canayakın, çok sevilen, çok şahsiyetli, hararetli, diğer insanları heyecanlandıran, karizmatik gibi ibarelerle cevap vermeye çalıştılar.

Şahsiyet tek başına bir şirketi ayakta tutan bir şey

değildir. Organizasyonun gerçekten nasıl çalıştığını, insanların eylem ve kararlarını doğru önceliklere nasıl bağlayacağını bilmelerini ister. Bu yetenek, gerçekte, süperstar CEO'ları diğerlerinden ayırır. Bu olmadan, şahane bir iş sezgisine sahip olan diğer birçok nitelikli CEO, girişimcilerden söz etmiyoruz, eninde sonunda kaybedecektir.

Liderlik tarzları ve ortak kültür hakkındaki her şeyi boşverin. Uygulamadaki bir avantaj, liderlik teorilerinin incelenmesini değil, dur durak bilmeyen bir pratiği gerektirir.

DOĞRU İŞTE DOĞRU İNSANLAR

Dünya üzerinde, tüm ailenin işle meşgul olduğu birçok küçük köy vardır. Onlar için en iyi meslek bu olsun ya da olmasın, çocuklar anne ve babalarına dükkanda yardım ederler. İş onların kişisel yeteneklerine denk düşmeyebilir. Bu durumlarda aile uyuşmazlıkları ortaya çıkar ve iş fazla genişlemez. Bu, yüzyıllardır süren bir gerçekliktir.

Her iş, doğru işte doğru insanlara ihtiyaç duyar. Modern ortaklık, özel yeteneklerini işin genişlemesine yardım etmek için kullanan profesyonellerin fikirleri üzerine kurulur. Kararları veren insan işe uygun değilse, kararlar nitelik açısından yoksullaşırlar ve tüm şirket eski seviyesine geri düşer. Eğer kişi işe denk düşüyorsa, daha istekli çalışarak ve işinden büyük keyif alacaktır. Bireylerin kapasitesi genişler. Bu, şirketin her tarafında tekrarlanırsa bütün iş genişler.

Uzun bir zaman zarfı boyunca sonuçları sürekli olarak okuyan bu liderler, bir bireyin en iyi yapabileceği işin farkına varanlardır. İş ihtiyacını ve kişinin doğal yeteneğini bağlantılandırırlar. Bireyleri dayanıklılıklarının en etkili olacağı yere getirmek için gereken zaman ve çabayı gösterirler.

Kişiyi işe denk düşürmek, iş önceliklerinin üstesinden gelmek için gereken türden yetenekleri, davranışları ve kabiliyetleri anlamakla başlar. İş çevrenizdeki liderlerin bu başlangıç noktasına aldırmama sıklığına şaşırmayın. Sam Walton olsaydınız ve bir iş kurmaya çalışsaydınız, yapmakta olduğunuz yeni mağazaları işletecek insanları nasıl seçerdiniz? O işte para kazanmak, marjı, envanter hızını ve hacimsel büyümeyi yönetmek anlamına gelir. Hangi tür insanların bunu yapabileceğini öğrenemezseniz, Kmart'tan daha büyük olma rüyalarınızı unutabilirsiniz.

Sam Walton birisini işe almak için en önemli kriteri tarif etti: sağduyu. Kriterleri karşılayan insanları dikkatle seçer, onları geliştirir ve yetiştirir. Çalışanlara satışları, fiyatları, envanterleri ve müşterileri bir şahin gibi izlemeleri öğretilir. Ve karar vermek ve eyleme geçmek için hatırı sayılır bir özerklikleri vardır.

Starbucks kahve dükkanında bulundunuz mu hiç? Kahveyi yapan insanlardan ne haber? Bu sıkıcı bir iş olabilir ama onlar deneyimden hoşlanıyor görünüyorlar. Starbucks'ın, ambiyansı düzenleyecek insanları çekmede ve seçmede ustalığı var gibi görünüyor. Eğer Starbucks bu insanları alamaz ve hedefinden sapmaya başlarsa, büyüme hızı pozitif yerine negatif olur.

Eğer izlemeye zaman ayırırsanız, insanların doğal

yetenekleri gözlenebilirdir. Hangi görevin kişinin doğasına uyduğunu, o kişiye ve çevresindekilere enerji vereceğini fark etmek önemli bir meseledir. Satış bölümündeyseniz, en yüksek satış miktarına sahip kişinin satış yöneticiliğine terfi ettiğini görebilirsiniz: ve toplam düşüş. Patronu gerçekten gözlemlemişse, onu bireysel katkıcı olarak görebilirsiniz. Anlaşmanın yapılmasına katkıda bulunurlar. Bu, ona iş coşkusunu veren şeydir. Diğer insanları katacak ve onları çok iyi üreticiler haline getirecek doğal yeteneğe ya da arzuya sahip olmayabilirler. Diğer insanları motive edemez ve kapasitelerini genişletemezse, çalışanları satışların artması için gereken iş önceliklerini uygulamaya katılır hale getiremez. Böyle bir insan harika bir satıcıdır ama kötü bir satış yöneticisidir.

Gereken zihin yapısı üzerine de düşünün. Kişi, başarmak için gereken içgüdüye sahip mi? Değişime açık mı? Eğer iki envanter dönüşü kullanıyorsa ve siz ona otuz dönüşe gittiğinizi söylerseniz, geleneksel bir fabrika yöneticisinin zihin yapısı ne olur? Eğer değişime direnirse ne olur? Hepimiz toplantılarda yeni fikirlere katılan, ama kapıdan çıktığında aynı eski şeyleri yapan insanları görmüşüzdür. Etrafınızda böyle insanlardan çok varsa şirketinizin uygulama yeteneğine ne olur?

Bazen, bir insan bir şirkette yıllarca çalıştığında, işte harcanan uzun zamanın ona iş üzerine çok büyük bir bilgi verdiği düşünülür. Dünyanın değişmesiyle birlikte, şirketlerin iş öncelikleri yön değiştirdi ve işin gerekleri de değişti. Yakın zamanda Ford "dünyanın otomotiv ekipmanları sağlayan lider tüketici şirketi" olmak için bir yön değiştirme yaparken, marka yönetimi ve müşteri görüşü gibi, içerideki insanların tam olarak geliştiremediği yeteneklere ihtiyaç duyduğunu fark etti. Yeni iş önceliklerini uygulayabilmek için Ford, diğer şirketlerden kıdemli yöneticiler aldı. Örneğin Ford, alt marka grubunu yönetmesi için BMW'nin eski bir tepe yöneticisi olan Wolfgang Reitzle'yi seçti. Ford ayrıca, müşteri odaklı bakışı tüm şirkette teşvik etmek için şirket bazında birçok eğitim çalışmasını devreye soktu.

İş ihtiyaçlarını geliştirme noktasındaki en iyi örnek, belki de finansal hizmetler endüstrisi alanındadır. Bu şirketlerin birçoğunun CEO'su, endüstri küresel sağlamlaşma yolunda ilerledikçe, tüm seviyelerde liderlikten ümitsiz bir şekilde yoksun kaldıklarını keşfediyorlar. Bu şirketler aniden devleşip daha fazla liderliğe ihtiyaç duydular. Şirketler, işe bu ölçüde liderlik edecek yetenekteki insanların hattına henüz sahip değiller. Şirketler daha küçükken, "mükemmel üreticiler" terfi ettirildiler ve bu bireylerden diğer insanları yönetirken bir yolunu bulup satış yapmaya devam etmeleri beklendi. Sıklıkla, yapmayı sevdiklerini yapmaya –yani satış– devam ettiler ve işin yönetim kısmını ihmal ettiler. Yetenekleri, diğerlerinin gelişimine yardım etme ihtiyacına denk düşmüyordu.

Birçok finansal hizmet firması, en iyi bireysel katkıcı olmasa da, gücünü, diğer insanlarla olan bağından alıp, yılın satış elemanı olmak yerine iş ihtiyaçlarına yanıt verecek ve insanlara liderlik edecek davranış ve yeteneklere sahip insanlar aramaya başladılar.

Doğru işlerde doğru insanlar olmadan, bir şirket büyüyüp gelişemez. 1978'de ziyaret ettiğim küçük bir şirket, iş stratejisini ele alarak 200 milyon dolarlık bir satışa ulaştı. Şirket, bugün deha diye söz ettiğimiz üç kişi tarafından kuruldu: Andy Grove, Gordon Moore ve sonradan katılan Bob Noyce. Bu adamların muazzam bir enerjisi, sıradışı düşünme yeteneği, dünyayı sürekli olarak değiştirecek ve hissedarlar ve çalışanlar için sonuç verecek şeyler üretecek tutkuları vardı. İnsanları ve organizasyonu yönetmek açısından şirketi gerçekten var eden Andy Grove'un sırrı, doğru insanları doğru işe koymaktır. Büyük ve iyi bilinen bir rakipte çalışan bir mühendisten bir telefon geldiğinde tesadüfen oradaydım. Mühendis, Intel'de çalışmak için bulunduğu şirkettekinden daha düşük bir ücreti kabul edebileceğini; çünkü yeni ve heyecan verici birşeyler istediğini söylüyordu. Mühendisin daha sonra işe alındığını öğrendim. Yeteneği, davranışları ve dürtüsü, işe ve şirketin ihtiyaçlarına açıkça denk düşüyordu. Uygun insanlar olmadan, Intel bugünkü gibi bir dev olamazdı.

UYUMSUZLUKLARIN ÜSTESİNDEN GELMEK

Etrafınızdaki insanları düşünün. Kaç tanesi iş çevrenizdeki işlere uyumsuz düşüyor? Eğer uyumsuzluk göze batıyorsa kişi kendini güvensiz hisseder, ama bunun için ne yapacağını bilemeyebilir ve belki de bu sorunu iş esnasında düşünmek rahatsızlık yaratır. Şikayet etmeye ve diğer insanların enerjilerini tüketmeye başlar. En iyi iş liderleri, gerçeğin üstüne gidecek, eyleme geçecek ve böylelikle de enerji tüketimini engelleyecek kadar güvenlidirler.

Uyumsuzlukların üstesinden gelmek size hemen uygulamada avantaj verir. Bu, tanıdığım birçok önde gelen CEO da dahil, çok sayıda iş insanının başının belasıdır hâlâ. Uzun yıllar boyunca onlara insanlar arasında yaptıkları en büyük hatayı sordum. En yaygın cevap neydi? İşe uyumsuz olduğu bilinen birini çıkarmak için "çok fazla beklemek".

Andy Grove, hızlı büyüyen şirketine uyan insanları işe almada yeteneklidir. Fakat şirket büyüdükçe, bazı insanlar sınavı veremediler. Intel yönetimi uygun hamleye girişti. Belki o kişi, şirketin başka bir yerindeki işle daha çok örtüşüyordu. Belki de Intel, onun ilerleyebileceği bir yer olamayacaktı daha fazla. Yönetim ciddi bir eleman değişikliği yolunu seçti. Yönetim bu uyumsuzlukları ihmal etseydi, Intel'i duyma fırsatımız olmayacaktı.

Neden insanlar uyumsuzluk konusundan sıklıkla kaçınırlar? Çok kişisel nedenlerden dolayı. Uyumsuzluk gösteren insana psikolojik bir bağlılık duyabilir, "düzeltilebileceğine" inanabilir ya da bir ihtilaf çıkma olasılığından çekinebilirler. İnsanların bu konuşmalar için nasıl hazırlandıklarını ve zamanı geldiğinde konuşmayı yapamadıklarını defalarca gördüm.

İhtilaftan çekinmek işe zarar verir. Ve hiçbir şey, o insan ve etrafındakiler için daha fazla pişmanlık yaratamaz. İnsanlar sık sık, iş çevresinden dolayı işlerinde mutlu olamadıklarından yakınırlar. Bu bazen doğrudur ama insanın doğal yetenekleriyle iş gereksinimleri arasındaki uyumsuzluk, birçoğu için umutsuzluğun asıl kaynağıdır. Mutsuz (uyumsuz) bir insana işten çıkarıldığı iletildiğinde önce şok olur ve üzülür. Ama yeteneklerine denk düşen başka bir şirket bulduğunda enerjisi yeniden canlanır. Karısı ve çocukları bunu görür ve mutlu hayatına geri döner. Daha da ötesi, ilerleme için yeni bir motivasyon kaynağı olur.

Özellikle birini biliyorum; 5 milyar dolarlık bir küresel şirkette başlayan ve orada yönetici olmayı başaran Paul Richards diye hitap edelim ona. Terfi ettirildi ve ilerledi. İnsanları gerçekten sevdi ve onlara esneklik kazandırıp ilham verdi. Başarısından dolayı Richards bir şirketin üst düzey yöneticisi oldu ve yine şahane bir iş yaptı. Oradan Avrupa şefliğine terfi ettirildi.

Süreklilik gösteren başarısı, bağlı olduğu CEO'nun ilgisini çekti. Zaman geçtikçe CEO'nun bir şeye ihtiyacı doğdu. Bir dizi şirket satın alımı yoluyla aniden büyüyen kilit bir bölüm güçten düşmeye başlamıştı. Anlaşmaları bir arada tutan kişi uygulamayı yapamadı ve zararın çoğalmasıyla, işten çıkarılması gerekti. CEO, Richards'ı davet etti ve sonra da Avrupa şefi güçten düşen bölümü eline aldı. Bölüm, hakkında hiçbir şey bilmediği bir endüstri olmasına rağmen Richards mücadeleyi kabul etti.

Richards işe balıklama daldı ama baştan itibaren debeleniyordu. İşin içinde geçen altı ay boyunca yuvarlandı. Çabalarının karşılığını çok az alarak, bazı insanları değiştirmeyi ve yeni danışmanlar getirmeyi planladığını söyledi. Bununla birlikte, işleri yarıda bırakan biri değildi. Bu arada, performans düşüklüğü patronunun dikkatini çekiyordu ve er geç CEO olma olma olasılığı yok olmuş görününce, enerjisi tükendi.

Richards kariyerinin tehlikede olduğunu sezince istifa etti ve başka bir şirkette CEO'luk işini aldı. Yeni iş iyi bildiği ve doğal yeteneklerine hitap eden bir endüstrideydi. Ayarlama doğruydu; güveni ve enerjisi geri geldi. Daha sonra bana kendisini "özgürleşmiş" hissettiğini söyledi.

23 milyar dolarlık başka bir işin yöneticisi de özünde bağımsız ve yürekli bir insandı. Ona rapor veren insanlar onu seviyorlardı. Ancak beceriksiz olduklarını düşündüğü patronları, onu itici buluyorlardı. Patronun işine sahip olmayı ve er ya da geç CEO olmaya layık olduğunu hissediyordu. Hüsranlarının artmasıyla, patronları ve emsalleri, onun davranışlarını daha da tatsız buldular. En sonunda bir teknik eleman avcısı, onu yeni türeyen bir şirketin CEO'luğuna yerleştirdi. Orada yetenekleri ve iç dürtüleri işe uygun düştü. Üç yıl gibi kısa bir sürede, şirketin pazar payını, ayrıldığı şirketten daha büyük bir duruma getirdi. Şimdi yüksek profilli bir CEO.

ÇALIŞTIRMAK (ANTRENÖRLÜK ETMEK)

İşini iyi yapan insanların ayrıca dikkate ihtiyaçları vardır. Gerçek bir insan lideri, onların kapasitelerini, becerilerine kanal açmalarına, yeteneklerini geliştirmelerine ve pozitif enerjilerini açığa çıkarmalarına yardım ederek genişletir. Kapasiteyi genişletmek, kişiyi yeni bir beceri geliştirmeye ve yeni bir perspektif kazanmaya zorlayacak "esnek bir iş" vermek anlamına gelebilir.

Birileri, iyi yaptığınız işlerle ilgili pozitif izlenimlerini size aktarsa ve ustalığınızı inşa etmeniz için spesifik önerilerde bulunsaydı ne hissederdiniz? Başarmanıza yardım etmek isteyen kişisel bir çalıştırıcıya sahip olduğunuzu hissederdiniz muhtemelen. Enerji takviyesi almış gibi hissederdiniz. Bunun işe yaradığını, size deneyimlerimden yola çıkarak söyleyebilirim. Bunu size rapor verenler için yapabilirsiniz, süreç boyunca bu sizin kapasitenizi arttırır.

Massachusetts'de küçük bir plastik işini yöneten bir adam hakkında birşeyler duymuştum. Her pazar sabahı telefonu alır, ona doğrudan rapor veren insanları arar ve o sabah *New York Times*'da gördüğü birşeyler üzerine tartışırdı. Bu lider, telefon görüşmelerini adamlarının entellektüel meselelere ilgilerini teşvik etmek ve ufuklarını genişletmek için kullanıyordu. Yaklaşık beş pazar sonra, herkes gazetede gördüklerini okur ve tartışır hale gelmişti. Bağlanıyor ve iş manzarasına daha geniş bir bakış kazanıyorlardı (Bu arada adam, kariyerinin başlarındaki genç Jack Welch'di).

İzlenimlerinizi, insanlara onların yıllık performans değerlendirmelerini yaparken aktarmayı düşünüyorsunuz belki. Gerçekte performans değerlendirmeleri, nadiren insanları geliştirmek için kullanılır. Çoğu zaman, geçen yılki performans üzerinden yapılan ücret değişikliğinin bildirilmesinin basit bir yolu olur ya da bir terfi ya da rütbe indiriminin açıklanması için kullanılırlar. Bu, insanlara büyümelerinde ve gelişmelerinde yardım edecek bir yol değildir.

Çalıştırma, performans değerlendirilmesi değildir. Herhangi birinin geçen yıl yaptığı bir şey ve parayla ilgili değildir. Bu çok kişiseldir. İnsanı alnının arasından vuruyorsunuz. Kör taraflarıyla yüzleşmesine ve bir şeyleri daha iyi öğrenmesine yardım ediyorsunuz. İzlenimler dürüst ve doğrudan olmak zorundadır.

Karşılaşılan her tehlike, çalıştırma için bir fırsattır. Ve biraz daha sonra olması, gecikmesinden iyidir. Bir işadamı büyük bir şirketin CEO'su olma yolundaydı. Her yıl yükseliyor ve en yüksek primleri alıyordu; herkes onun harika olduğunu söylüyordu; insanlara ilham veriyordu; sözlerini daima tutuyordu. Ama yönetim kurulu bu insanı tartışmaya başladığında yöneticilerden biri şu yorumu yaptı: "Tepeye çok hızlı çıktı, ama birileri ona hangi tepeye çıkılacağını söylemek zorunda."

Bu tek cümlenin altında yatan değerlendirme, adayın CEO olma şansını ciddi anlamda tehdit ediyordu. Değerlendiricilerinin birinin gözünde bu insanın tehlikeli bir kusuru vardı. Bu, hatadan ilk söz edildiği andı ve çok geçti. Bu izlenimi on yıl önce, gelişmek için henüz zamanı olduğunda öğrenmesi çok daha iyi olacaktı.

Bazen aleyhte bir durum, çalıştırma için fırsat yaratabilir. Bir sürü insan bana, çalıştırma konusunda bir uzman olan Jack Welch'in berbat bir sunumu nasıl öğretici bir deneyime dönüştürdüğünü anlattı. CEO, bir e-ticaret gösterisini değerlendirmek için bir grup orta düzey yöneticiyi kabul ediyordu. Yöneticilerden biri sunumu yapmaya başladığında ekipman güçten düştü. Çok talepkar bir CEO ve on yönetim kurulu üyesinin önündeydi. Nasıl hissettiğini tahmin edebilirsiniz.

CEO'nun ne yaptığını düşünüyorsunuz? Jack Welch hemen sandalyesinde geriye doğru yaslandı, gruba baktı ve "Eğer bu bir müşterinin önünde olsaydı nasıl hissederdiniz? Bu durumda ne yapacağınız üzerine tartışalım." Welch o kişinin prova yaptığını, hazırlandığını ve bunun herhangi bir kişinin başına gelebileceğini biliyordu. O kişinin kulağını çekip negatif bir durum yaratmak yerine, bir öğretmen ve çalıştırıcı oldu.

Özgüvenli, sağlam liderler gerçek izlenimlerini aktarmayı severler; çünkü insanların gelişimini sağlamak onların sorumluluğudur. Gerçek izlenimle, gerçekten ne düşündüklerini söylemelerini kastediyorum. Çok sıklıkla, insanlar yanılıyor olabileceklerini bildiklerinden ya da misillemeden korktukları için tereddüt ederler. Ama muhtemelen içgüdüleriniz doğrudur ve zamanla gelişirler. Deneyimli insanları bir masanın etrafına koyduğunuzda ve bir birey hakkında açık yüreklilikle tartıştıklarında, kararların çok hızlı bir biçimde bir noktaya yöneldiklerini pek çok defa gördüm. Kişiyi, gelişmek için ihtiyaç duyduğu şeye yöneltmek zor değildir.

Bazı insanlar bu türden bir çalıştırmanın iyi bir fikir olduğunu söylerler, ama şirketleri bunun için gereken ambiyansa sahip değildir. Bununla beraber, bunu kabul edecek üç ya da dört insanla başlayabilirsiniz. Bu şeyi hiç yapmayan küresel bir şirkette, Uruguay'da, insanlarla birebir oturup, onları çalıştıran genç bir yönetici görmüştüm. O kültürde izlenimleri kabul etmek kolay değildi ama o bunun için uğraşıyordu. İnsanların bu adama karşı ne kadar minnettar hissettiklerini görmeliydiniz. Altı ayda şirketi çekip çevirdi ve bir yıl içinde gösterdiği performans, izlenmesi ve yeni liderlik fırsatları verilmesi gereken biri olarak tanınmasını sağlayacak kadar iyiydi. Belki ilerde bir CEO olacak.

İş Tarafını Çalıştırmak

Çok sıklıkla liderler, diğerlerini çalıştırmayı denediklerinde davranışlara odaklanırlar. Ama iş tarafını unutmayın. Kişi karmaşıklığı basitleştirebiliyor mu? Doğru iş önceliklerini seçiyor mu? Spesifik ve kullanıma açıklar mı? İşleri yapılmış hale getiriyor mu?

İşte okumanız gereken bir mektup. Bu, 4 milyar dolarlık bir şirketin CEO'su (Bob) tarafından bir bölüm şefine (Tom) yazılmış mektubun değiştirilmiş bir versiyonu. CEO, mektubu bir bütçe teklifi eleştirisinden sonra yazdı. Bob ve Tom önce sözlü olarakgörüşmüşlerdi, sonra CEO bunu yazıya döktü. Şirket, Birleşik Devletler'de ve dünya ölçeğinde bir numaraydı ve iyi bir getirisi vardı. Oldukça iyi bir iş.

31 Temmuz 1998

Sevgili Tom,

Bütçe önerin hakkında bazı düşünceler;

Planın düşük satışların ve düşük fiyatların üstesinden gelmek zorunda. Lütfen takımı eğrinin üstüne çı-

kar. Hiçbir yöntemi es geçme. Avrupalılar insanları çalıştırmak için fiyat biçecekler. Diğer örnekleri tekrarlayan değil, temel bir değişikliğin ortasındasın; organizasyon bunu geçici olarak görünür kılmak istiyor. Kaynakları, büyümüş pazarlara tahsis edelim. Kaynak tahsisinde gelecek hakkında konuşuruz, ama tahsis eden tarihtir. Henrik, Avrupalı kaynakları almaya gerek duyuyor.

Avrupa bölümünün köklü değişimlere ihtiyacı var; eski muhafızlar hâlâ burada. Bunları şirket hedeflerine nasıl alıştırırız? Eski ulusal ismi bırakalım ve bunu toplam işle bütünleştirelim.

Birincil ürün çizginizin enerji ve ateşe ihtiyacı var. Daha yeni hatlarınız gibi işlenmek zorunda; yeni ürünler için bunların yapılması gerekmektedir.

Tom 1998 senin en zor yılın olacak. Bu sert bir mücadele. Burada olmandan memnunum.

—Bob

Tom şirketin en iyilerinden biri. Çok önemli şeyler yaptı. % 40 getiri üretmek kolay değildir, ama Tom bunu başardı.

Şimdiyse Tom'un egosu zedelendi. Bob, Tom'a işinin "nasıl" kısmını anlatmak zorunda kalıyordu. Tom, zor konuların üstesinden gelemiyordu.

Mektubun özünde ne görüyorsunuz? Bob, Tom'un neyi ıskaladığını düşünüyor? Değişim. Geçici bir trend değil, temel, yapısal bir değişim. Eğer Bob, Tom'u bu değişime odaklandıramazsa ne olur? Bu, Bob'un bir CEO olarak değerine dair nasıl bir düşünce uyandırır?

Bob'un sorguladığı ikinci bir şey var. Tom'un gelecek için kaynak ayırıp ayırmadığını merak ediyor. Tom'dan geçmişe değil geleceğe bakmasını istiyor. Bob adama basmakalıp şeyler anlatıp "güzel iş" demiyor. Çok belirgin duruyor. İşin sonunu getireceğine bahse girebilirsiniz.

Kendinizi Tom'un yerine koyun. Bob'un size çok değer verdiğini biliyorsunuz. Bu mektup sizi bir boşluğa sürükler mi? İşi terkettirir mi? Yoksa bunu bir yol haritası olarak mı kullanırsınız? Aynı fikirde değilseniz, patronunuzun yanına gitmek ve tartışmak zorundasınız belki. Tersi olduğunda, bu durum kariyerinizi geliştirmeniz için açık bir rehberdir.

Şimdi takip eden ve altı ay sonra gönderilen mektubu okuyun:

13 Ocak 1999

Sevgili Tom,

Geçen haftaki oturumunda bulunmaktan memnun oldum. O odada gerçek enerjiye sahip olduğunuzu düşünüyorum.

1998, senin bölümün için oldukça iyi bir yıldı. Avrupa'daki sonuçlarsa hayal kırıklığına uğratmayı sürdürüyor ve 1999'da düzenleme yapılmasının zorunlu olduğu besbelli. Sana nasıl yardım edebilirim?

Envanterler kabul edilir durumdalar ve çalışma sermayesi mütevazi bir gelişme gösterdi. 1999'a baktığımızda, üzerine düşünmek zorunda olduğunu hissettiğim birçok şey var.

- *Küresel piyasa: Burada radikal değişim için potansiyel büyük. Takımınız, harcama yapısında çarpıcı bir yön değiştirme yapmaya hazır mı?*
- *Değer ürünleri: Değer ürünlerini yeterince vurgulayabiliyor muyuz? Programdaki dolarlarımızın gideceği yer orasıdır –hemen.*
- *Mal sağlayan firmalar: Mal sağlayan firma yönetimi inisiyatifi tüm organizasyona nüfuz etmeli ve yaşamın bir yolu olmalıdır. Çıtayı yeterince yükseğe koyduğunuzdan emin olun.*
- *Ülkeleri geliştirmek: Hindistan ve Çin arasında, iki milyarlık bir kitle ve bizim için muazzam potansiyele sahip bir pazar var. Umarım ilk çeyrekte, ortaya çıkan bu pazarları büyütmeye ayrılmış bir plan yapabiliriz.*

Son olarak Tom, 1999 için uygulama yönünden, toplam bir ikinci eylem üzerinde düşünmeni isterim. Bölüm ağır bir değişimden geçiyor. Karşılaşacağınız fırsatlar ve meydan okumalarla uğraşacak çabayı sarfetmek zorundasınız. Büyük bir liderlik sağlayabilirsiniz; bardağın boş tarafından ziyade dolu tarafını görmelisiniz.

Tedarikçi firma yönetimi inisiyatifini koymaktaki yardımların için teşekkürler. 1999'da şirketin toplamına gerçek bir katkı yapacak bu.

—Bob

Burada CEO masraf yapısı, ürün çizgisi, satış düşüşü ve büyümeden söz ediyor. Tüm karmaşıklığın dışında, dört maddelik listesiyle çözüm buluyor. Genellemelerden söz etmiyor. Strateji kelimesini kullanmıyor. Belirli hale getiriyor. Yarım yıl geride kaldı ve fazla bir ilerleme yok. Patron soruyor, "Sana nasıl yardım edebilirim?" Başka bir deyişle yardım edilmesi gerektiğini düşünüyor.

Bob'un bu mektuptaki çalıştırıcılığının kişisel şeylerle ilgili olmadığına dikkat edin. İş tarafıyla ilgilidir; o kişinin dışarıda neler olduğuna dair değerlendirmeleri, temel gerçeklikler ve işin ihtiyaçlarıyla yüzleşme yeteneği. Bob, Tom'a iş sezgisini ve insanlar hakkındaki hükümlerini geliştirmesi için yardım ediyor. Eğer Tom tepki göstermeyi başaramazsa, bu işe uygun olmadığını kendisine kanıtlar.

Bu mektuplar, sizden aşağıdaki iş arkadaşlarınız için fazla sert belki. Dili yumuşatabilirsiniz. Fakat iş tarafını çalıştırın. Bir birey üzerine yapacağınız tek bir tespit geliştiriciyse, hem kişi hem de grup üzerinde pozitif bir etki yaratır.

DAVRANIŞLARI ÇALIŞTIRMAK

İşte belirli bir davranış üzerine yapılan bir çalıştırmaya bir örnek. Eski model bir yönetime sahip olan şirketlerde genellikle gözlenen bir davranıştır; parlak, çalışkan, kendini işine adamış, sadık, her nasılsa grup içinde zorlanan bir birey. Kişi diğerlerinden yüksek bir saygı görür; fakat grup dinamiklerinin baskısı altında tartışma için yeterince güçlü hissetmez. Birşeyleri yapma konusunda, bunu istemediğini çok iyi bildiği halde, hemfikir olur. Kişi, birebirde çok açık, dürüst olabilir ve kendini açıkça ifade edebilir. Fakat grup ortamında, diğerlerine meydan okuyacak cesareti yoktur ve karşılayamayacağı ya da karşılamak istemediği sorumluluklara boyun eğebilir. Böyle insanlar sırıtıp kafalarını sallarlar, ama görüşme biter bitmez hemfikirlik gider.

Bu zayıflık bireyi ve grubu zayıflatır. Kararlara yeniden dönülmesine ve yeniden çalıştırılmasının zorunluluğuna sebep olur ve grubun ilerlemesini yavaşlatır. Grubun iş önceliklerinin üstesinden gelmesine engel olabilir. Bu zayıflığı tespit etmek, bireyin bunun farkına varmasına yardım etmek ve bunun üstesinden gelmesi için onu çalıştırmak, liderin işidir.

Ya da büyük bir teknoloji şirketinin Birleşik Amerika dışına yönlendiren CEO'sunun, kendisine rapor verenlerden ve endüstride yeni olan birisini çalıştırmasını örnek alalım. CEO, ilk iki sayfası övgüyle dolu olan bir mektup yazar. Sonra gelişme için alanlar gelir:

Aşağıdaki alanlarda performansınızı yükseltmek sizin için önemlidir:

1. İşinizin işlemsel detaylarını daha derin araştırmalısınız. İster hizmet düzeyleri isterse sermaye harcamaları olsun, her işin iç işlerinde usta olmak ve yöneticileri yüksek başarı için kesin sorumlu tutmak zorundasınız. Endüstrinin dışından geldiyseniz çabuk öğrenirsiniz. Sizi daha güçlü bir birikim temeline daha iyi yönlendirir.

2. Bazen insanlara karşı fazla sempatik oluyorsunuz ve standart altı olan plan ya da performanslara razı oluyorsunuz. Standartlarınızı yükseltin. Şirketinizi, global bir şirket olarak, ileriye götürmek için başarmak zorunda olduğumuz kadar ya da daha üstte tutun.

CEO, kişiye çok iyi olmasını söylüyor aslında. O kişinin davranışı, beklenen sonuçların önünde engel oluyor. Belki kendinden emin değildir; çünkü endüstriyi öğreniyordur. CEO ona idareyi ele geçirmesini ve insanlara sorumluluk vermesini söylüyor. Bu lider, insani konularla ilgilendiğini ispat ediyor şimdi.

Olağanüstü, parlak, bir hayalperest ve çok kararlı olarak tanımlanan başka bir iş insanını tanıyorum. Bu adama CEO'su tarafından, kayıplarını azaltma konusunda yeterince şey bilmediği söylendi. Bu ne anlama gelir? Belki başarısızlıkları kabul etme korkusu vardı ve para kaybeden bir işte çok fazla bekliyordu; ya parayı sürekli olarak kaybeden bir işe aktarıyordu ya da kişisel olarak seçtiği, anahtar bir insanın işe uygun olmadığı gerçeğiyle yüzleşemiyordur.

İnsan izlenimi doğru algılar ve düzeltirse, şirket daha iyi bir performans gösterir. Bu bir uygulama avantajıdır.

Grupları Kararlı Hale Getirmek

SOSYAL İŞLETME MEKANİZMALARI YARATMAK

Bireyler hakkında konuşmak, organizasyonun gerçekliğini tam olarak betimlemez. Deneyiminizden yararlanın. Özlemek nedir? İnsanları birbirine bağlayan şeylerin tümü. Doğru işte doğru insana sahip olsanız bile, çabalarınızı eşzamanlı kılamaz ve onları iş önceliklerine bağlayamazsanız, uygulama avantajınız olmaz. Para kazanma amacı gerçekleşmez. Eşzamanlı bir organizasyon, şampiyon bir kürek takımı –insanların, grubun bireylerin tek başlarına yapamayacakları şeyleri yapmasını sağlayacak bir ritimle birlikte çalışması– gibidir. Eşzamanlılık tüm grubun kapasitesini artırır.

Ailesi kendisiyle çalışan bir esnaf için, eşzamanlılık mühim bir konu değildir. Oğulları ve kızları, işin gerektirdiği yeteneklere tam olarak sahip olmayabilirler, ama onların çabalarını oldukça doğal bir şekilde koordine edebilir. Küçük bir organizasyonda herkes her olan biteni bilir. Herkes telefonda konuşana kulak misafiri olur ve öğlen yemeğine birlikte giderler. Birbirlerini otomatik olarak uyarır ve zorunlu trade-off'ları (değiş-tokuşlar) yaparlar. Eğer kafa karışıklığı varsa konuşurlar.

Şirketin büyümesi ve birlikte çalışan, yüzlerce olmasa da düzinelerce insanınızın olmasıyla eşzamanlılık daha önemli bir mesele olur. Sorumlulukları bölerek organizasyonel bir yapı yaratırsınız. Yapıyı yarattığınız an sosyal etkileşim değişir. Organizasyonun bir parçasından başka bir parçasına akan bilgi sıklıkla tıkanır ya da çarpıtılır. Şirket büyüdükçe, insanların bilgiyi paylaşması, ortak kararlar vermesi ve öncelikleri ayarlaması yavaşlar. Uygulama avantajı körelir.

Eşzamanlılık yoksunluğu, birçok küçük esnafın ve satıcının neden asla genişlemediğini açıklar. İnsanları anlamlı bir yolda biraraya getirecek, bireysel kapasitelerini genişletecek ve toplam işin kapasitesini inşa edecek mekanizmaların nasıl yaratılacağını bilmezler.

Bir uygulama avantajı, bireysel katkıcıları eşzamanlı kılan, benim "Sosyal İşletme Mekanizmaları" olarak adlandırmaya başladığım, mekanizmaları gerektirir. Sosyal İşletme Mekanizmaları, uygulama avantajı açısından çok önemlidir.

WAL-MART'IN SOSYAL İŞLETME MEKANİZMASI

Sam Walton, iş dalında Nobel Ödülü'nü hakettiğini düşündüğüm (eğer öyle bir şey olsaydı) bir Sosyal İşletme Mekanizması yarattı.

90'ların başında, her pazartesiden çarşambaya, 30 bölgesel yönetici 9 Wal-Mart mağazasını ve 6 rakip mağazayı yoklamak için dışarı çıkmaya başladılar. Bir sepet eşya toplayıp fiyatları karşılaştırdılar. 1991'de Wal-Mart'ın, fiyatlarını alandaki büyük rakiplerinden % 8 daha düşük tutma politikası vardı ve bu haftalık ziyaret, düşük fiyat stratejisinin gerçekten uygulandığını onaylamak için kullandıkları yoldu. Eğer işi doğru yapıyorlarsa bölgesel yöneticilerin gözlemlediği nedir? Sadece fiyatlar değil. Malı, nasıl sunulduğunu, tüketicilerin ne aldığını, mağazanın nasıl göründüğünü, ambiyansı, rakiplerin kullandığı yeni modelleri ve çalışanların davranış tarzlarını izliyorlardı.

Temellere dönün. Tüketicileri hatırlayın. Onlar kimdir ve ne satın alıyorlar? İşiniz gelecek için ayakta kalacakmış gibi görünüyor mu? Bunu Wal-Mart için sabit giden rekabet analizlerinden hesaplayabilirsiniz.

Wal-Mart'ta, bölgesel yöneticilerle hareketin olduğu yer arasında kaç tane filtre olduğuna dikkat edin: Sıfır. Sıfır bilgi filtresinin değeri nedir? Zaman ve nitelik. Sıfır gecikme. Sıfır çarpıtma. Sıfır güvensizlik. Duyguların bilenmesine ne olur? Yetenek pratikle gelişir.

Perşembe sabahları Sam Walton, elli kişilik bir yönetici grubuyla dört saatlik bir oturum düzenliyordu. Mağazaları yoklayan bölgesel yöneticiler, satın alıcılar, lojistikle uğraşanlar ve reklamla uğraşanlar bu toplantıya katılıyordu. Bir bölgenin, salı günü kızağa çekilmiş yüz bin gros daha fazla kazağa ihtiyaç duyduğu, bir perşembe görüşmesinde ortaya çıkabilir belki. Bu arada, bu kazaklar kuzeydoğuya hareket etmiyor durumdadır. Yeterince soğuk değil ya da her neyse. Belki de envanter ayarlanıyordur.

Bilgi değiş tokuş ediliyor, kararlar veriliyor ve her iştirakçi işin toplam bir resmini ve bir haftadan eski olmayan bir rekabet duygusu alıyor. İnsanlar, doğrudan tüketiciler ve ön cephe çalışanlarından toplanan filtrelenmemiş bilgiyle hareket ediyorlar.

Sam Walton'ın Sosyal İşletme Mekanizması, öncelikleri 50.000 fit seviyesinden, eşzamanlılığın yer almak zorunda olduğu 50 foot'luk seviyeye getirdi. Aynı zamanda, sorumluluğu inşa etti. Eğer birisi tartışmaya severek katılmıyorsa bu çok belli olur.

Wal-Mart gerçekten müşteri odaklı bir şirkettir. Ama anlatılmak istenen şey, Wal- Mart'ın Sosyal İşletme Mekanizmaları'nı kopya etmek değildir. Bilgi paylaşımının ve trade-off'ların nerede kritik olduğunu keşfetmek ve sonra şirketiniz için doğru Sosyal İşletme Mekanizması'nı tasarlamak zorundasınız.

SOSYAL İŞLETME MEKANİZMALARI'NI TASARLAMAK

Çabalarınızı işinizde çalışan diğer insanlarınkiyle nasıl eşzamanlı kılacağınız ve tamamlayacağınız üzerine düşünün. Görüşmeler vasıtasıyla daha fazlasını yaparsınız. Ama bazı görüşmeler, Sosyal İşletme Mekanizması olarak, zayıftırlar. Yanlış insanlar hazır bulunur; diyalog parçalanır; liderlik yoktur; hiç karar alınamaz; işin sonunu getirmek yoktur. Bazen görüşmeler kullanışsız slayt donatımının sergilenmesi için kullanılır. Bazen de doğru şeyleri yapmadıkları için insanların suçlandığı bir forum haline dönüşürler.

Daha iyi bir yol bulun. İlk olarak iş tarafı üzerine çalışın. Öncelikleri kurun. Sonra bilgi akışını sağlayacak ve doğru insanları konuşturacak, bir konferans konuşması ya da 15 dakikalık bir görüşme, Sosyal İşletme Mekanizması'nı yaratmak için zaman ayırın. Wal-Mart'ın Sosyal İşletme Mekanizması'nın özelliklerini düşünün: bilginin eşzamanlı akışı, doğrudan diyalog, sıfır filtre, sıklık ve sınırsızlık.

Diğer şirketler de benzer mekanizmalar yarattılar. GE'deki bir iş birimi örneğin, Wal-Mart'ın Sosyal İşletme Mekanizması'nı örnek alan bir teknik olan konferans aramalarını, "çabuk pazar bilgisi" için düzenli olarak kullanır. GE işbirimi, eşzamanlı komünikasyonun değerini gördü, ama geniş coğrafi dağılımından dolayı yöneticiler yüzyüze görüşmelerde çoğunlukla hazır bulunamadılar.

QMI (çabuk pazar bilgisi) onları video ve telefon aracılığıyla biraraya getiriyor. Şimdi her iki haftada en az bir defa, tüm dünyadan –Hindistan, Fransa, Japonya, Birleşik Krallık, Avustralya, Chicago, New York– elli insan arasında bir diyalog kuruluyor.

Bilgi değiş tokuşunun sıklığı ve ritmi, tüm QMI katılımcılarını, hiyerarşinin neresinde olurlarsa olsunlar, müşterilerden, rakiplerden ve dünya ölçüsündeki teknolojik gelişmelerden haberdar kılıyor. Bu yolla fiyat değişimlerini ve yükselen yeni konuları daha iyi kestirirler. Elli insanın tümü dış dünyaya dair aynı bakışa sahip. Üç aylık öncelikleri koyarak eşzamanlılığı sağlıyorlar.

GE'nin bu birimi, konuşmaları daha etkili hale getirmek için açık klavuzlar bile hazırladı: Tartışma soruları spesifik ve iki dakikada cevaplanacak kadar kısa olmalı; tüm katılımcılar rahat olmalı ve katılmaya teşvik edilmeli; görüşmeler kısa olmalı; bilgi yol boyunca işlemden geçmeli ve sonunda özetlenmeli.

GE'nin QMI'sı sonuç aldı; çünkü insanlara doğru trade-off'ları yapmada ve en iyi kararları vermede gereken bilgi ve fikirlerin değiş tokuşunu yapmalarında yardım ediyor. İnsanlar bilgiyi paylaşıyor ve ortak bir sonuca varıyorlar. Birçok anlaşmazlık yüzeye çıkıyor ve gecikmeden çözülüyor. GE'de hızı halletmede çok önemli bir yapıtaşı bu. QMI'nın sıklığı ve ritmi, konferans aramaları sırasında insanları organizasyonel sınırları geçmede daha rahat hale getirecek bir birlik yaratır. Böyle bir konferans konuşmasının akabinde, üretimin ikinci başkanının (VP) epeyce altında olan bir GE programcısı, klasik hiyerarşiyle gitmek yerine VP'yi doğrudan arayacak kadar rahat hissetmişti. İletişim akıyor; sınırlar kırılıyor.

Bir Sosyal İşletme Mekanizması, CEO'dan gelen, bilgi akışını açacak ve yeni davranışlar yaratacak bir mektup ya da rapor kadar basit olabilir. Başka bir şirkette yeni CEO, çalışanların esasta becerikli ve iyi niyetli olduklarını biliyordu, yine de şirket kâr etmiyordu. Tekrar çalışma ve yüksek masraflar işi öldürüyordu. İşteki ilk otuz gününde ortaya bir kâr payı planı koydu ve herkesin bu planı anladığından emin oldu. Sonra da en büyük para içicileri olan üç kalem üzerine haftalık raporlar yayınlamaya başladı: Çalışanların toplam sayısı, yeniden çalışma miktarı ve zarar gören eşyalar.

Otuz yıllık eski bir çalışan raporlardan dehşete düştü, "Para kazanmıyor olduğumuzu bilmiyordum. Eğer bana izin verseydiniz masrafları yarıya indirebilirdim" dedi. Çalışan, fikirlerini açıkladı ve anlamlı bir şeyler ortaya koydu. Dört ay sonra plan kârdaydı. Haftalık raporlar, herkese işin genel durumunu verdi ve şirketin enerjisini iş önceliklerine kanalize etmesine yardım etti.

Sosyal İşletme Mekanizmaları liderlik görevidir, insan kaynakları departmanının görevi değil. Yaratıcılığınızı kullanın ve bunu kişisel bir mücadele olarak algılayın.

Ne Yapılacak ve Nasıl Yapılacak

UYGULAMADA AVANTAJLI BİR CEO

Bir uygulama avantajı, doğru işte doğru insanlara sahip olmaktan, çabalarını eşzamanlı kılmaktan ve enerjilerini açığa çıkarıp iş önceliklerinin doğru oluşturulmasına yönlendirmekten geçer. Doğru iş önceliğini seçmek, iş sezgisi ister.

İş sezginizi ve insanlar hakkındaki yargılarınızı geliştirerek, departmanınıza, iş biriminize ya da şirketinize bir uygulama avantajı sağlayabilirsiniz. Bu kombinasyon, işin gerçek dünyasında tartışılmaz bir başarıya sahiptir. Jack Welch açıkça bir ustadır, ama diğer başarılı CEO'ların davranışlarının görünen kısmının altına bakarsanız; ortak bir model gözlemlersiniz. Sonuçları okuyan CEO'lar hem iş tarafında hem de insan tarafında uzmanlaşırlar. Eğer CEO liderlik denkleminin iki tarafına da hakim değilse, şirket sonuçları okumaya ve işi başarmaya devam edemez.

Ocak 1999'dayız; dev bir enformasyon teknolojisi hizmetleri şirketi olan EDS'nin CEO'su olan Dick Brown'a yakından bakalım. EDS, enformasyon teknolojilerininin dışsatımı endüstrisini bulan Ross Perot'un parlak fikriydi. General Motors tarafından 1984'de satın alındı ve 1996'da GM'den koptu. Kopuştan sonra EDS kazanç vaatlerini çeyrekler boyunca kaçırdı. 1990'ların sonuna kadar büyük bir düşüşteydi ve yönetim kurulu, durumu tersine çevirmek için muazzam bir baskı altındaydı. EDS'ye liderlik etmesi için Cable & Wireless'ın CEO'su olan Dick Brown'ı işe aldılar.

Daha sahneye çıkmadan önce, Dick Brown kendini işin karmaşıklığına daldırmaya başlamıştı. Enformasyon teknolojileri servisi başedilmez bir karmaşa içindeydi ve bu karmaşıklık, 17 milyar dolarlık gelir ve 46 ülkedeki 125.000 çalışanıyla ortada olan devasalık ve küresellik gerçeklerinin birleşiminden oluşuyordu. Şirket ayrıca teknolojideki temel değişikliklerin dönüm noktasındaydı ve internet patlamasının sunduğu iş fırsatlarına ayak uydurmaya çalışıyordu. Brown, yönetim kurulunun gönderdiği verilerin –güncel ve tarihsel finansal ifadeler, rekabet verileri, pazar analizleri, tahminler, kaybedilen ve kazanılan kontratların listesi– miktarını inceledi. Organizasyona gelir gelmez şirketin tamamındaki liderleri tanımaya çalıştı.

Dick Brown, bir sokak satıcısı gibi düşünen iş adamlarından biriydi. Altmış gün içinde, iş sezgisini kullanarak karmaşıklığı işin temellerine –şu ana kadar aşina olduğumuz liste: nakit üretimi, marj, hız, getiri, büyüme ve müşteriler– indirdi.

İşte bulduğu sonuç: EDS önemli bir tarihe sahip olmasına rağmen, yakın yıllarda liderliği IBM'ye kaptırdı. Endüstri yılda % 15 büyürken EDS'nin geliri % 9-10 aralığında –pazardan daha yavaş– büyüyordu. Marjlar yıllar boyunca kötüye gitmişti ve getiri devamlı bir düşüş içindeydi. Şirket, Wall Street'e verdiği sözleri tutamamış ve stok fiyatları, S&P 500 yükselişteyken yarıya düşmüştü.

Brown, iş teşhisinden geri adım atarak para kazanmayı nasıl geliştireceğini düşünmek zorundaydı. EDS'nin nakit durumu iyiydi. Gelir büyümesi ve marjları problemliydi. EDS'nin zayıf stok fiyatları ve 17'lik P-E katsayısı, yatırımcıların bilincinde şirketin büyüyen bir yörüngede olmadığı algısını yaratıyordu. Rahatsızlık veren noktaların yerini kesin olarak belirtmek, doğru iş önceliği için yapılan çalışmanın yürümesini sağlıyordu. Grup tartışmalarından birçok önemli fikir geliyordu; satış gücünün % 20'si önceki 9-12 ayda hiç yeni iş satmamıştı ve diğer birçoğu da tatminkar değildi. Ayrıca teşvik ediciler, kârlı olanları değil, büyük uzun vadeli olanları ödüllendirmek için yapılandırılıyorlardı. İş birimi, kopya kaynaklara sahipti ve merkezi teknoloji birimi kullanım dışıydı.

Bu bulgular, iş önceliklerinin bir kurulumunu tespit etmede Dick Brown'a yardım etti:

- Kaynaklardan gelen geliri, GM'deki oranın ya da pazar büyüme oranının üstüne çıkarmak.

- Müşteri hizmeti düzeyini geliştirmek.
- Masrafları 1 milyar dolar azaltmak ve böylece marjı büyütmek.
- 2000'e kadar çift haneli marja ulaşmak.

Böylesi açık ve basit bir liste yaratmak, size önemli bir başarı gibi görünüyorsa, haklısınız. Her iş liderinin bunu yapacak iş sezgisi yoktur. Ama hatırlayın. Bu, kazanma formülünün sadece bir parçasıdır. Sonra Dick Brown, insanlara enerji vermek ve onları hizaya koymak zorunda. Başından beri, etrafında doğru işlerde doğru insanların çalışıp çalışmadığının değerlendirmesini yapmıştı. Doğrusunu söylemek gerekirse, kendisine doğrudan rapor verenlerden bazıları zorlukların üstesinden geldi. Önceleri açık öncelikler basitçe sunulmamıştı onlara. Diğerleri, hem gereken yetenekten hem de davranış tarzından yoksundular. Brown uyumsuzluklara yönelecek cesareti topladı. Eyleme geçmeyi ertelemedi. Hızlı hareket etti.

Sonra Brown, iş önceliklerini başarılı kılacak Sosyal İşletme Mekanizmaları'nı yaratmaya başladı. Bunların en önemlilerinden biri, EDS'nin dünyanın her yanındaki yüz kadar zirvedeki iş liderini kapsayan bir konferans konuşması olan, aylık "performans araması"dır. Dick Brown, konuşmayı CFO, başkan ve işletme şefinin yardımlarıyla idare ediyordu. Konuşma boyunca, her birimin aylık ve yıllık sorunları tartışılıyor. Konu maddesi, tek başına, bu insanların geçmişte odaklandıklarından çok farklıdır.

Başlangıçta katılımcıların çoğu, gelir büyümesi, marj ve pazar payı öğelerinin bilincinde değillerdi. Brown, konferans konuşmalarını bunların önemini vurgulamak için kullandı. Her konuşmaya ayın ya da yılın en önemli bölümlerini özetleyerek başlar. Sonra CFO, kârı ay ve yıl için ve hedeflerle karşılaştırıldığındaki durumunu gözden geçirir. Ondan sonra da başkan ve COO satış sonuçlarını konuşurlar. Sonuçları paylaşmak, açıkça bir tür doğal sorumluluk yaratır. Kimin işi iyi yaptığı ve kimin yardıma ihtiyacı olduğu derhal açığa çıkar. Takip eden soru cevap bölümünde Brown, organizasyonun kavuşması gereken formu diyalogların samimi, özlü ve yapıcı olmasını sağlayarak kuruyor. Eğer performans önemli oranda eksikse, bu eksikler sonra liderlerle tamamlanır.

Sosyal İşletme Mekanizması'nın içinde iş tarafı üzerine dinleme, öğrenme ve çalıştırma yer alır. Aynı zamanda genel hedefler pekiştirilir ve kararlar verilir. Diğer Sosyal İşletme Mekanizmaları organizasyonun başka bir yerine kurulur ve kıdemli takıma, iş önceliklerini tespit etmelerinde yardım eder. Örneğin "Kıdemli Liderlik Görüşmeleri" tepedeki 130 civarındaki yöneticiyi yılda üç kez bir araya getirir. Amaç bir işi bütün olarak tartışmak, bir takım olarak pratik yapmak ve samimi, yapıcı diyaloglarla sonuç almak için birlikte çalışmanın yeni yolunun altını çizmektir.

Üçüncü bir mekanizma da Dick Brown'un EDS'de herkese attığı, "Tüm dünyadaki EDS takımına" olarak adlandırılan haftalık e-mail'lerdir. Doğrudan, teklifsiz bir dille yazılan e-mail'ler, özel başarıları bildirir ve şirketin iş öncelikleri bakımından nerede durduğunu tartışır. Bir e-mail'de Brown, "büyük bir iş olduğumuz gerçeğini güçlendirmeye devam edeceğim. Pazar yerinde bulunan hepinize: EDS'nin motorlarını büyütmeye devam. Bu 'kârlı' büyüme –yatırımcılarımızı tatmin edecek marja sahip ve onlara karşı adil– olmalı" diyor.

Bir kez doğru bakış açısı paylaşılır ve EDS'nin problemlerinde pratiğe geçirilirse, çözümler daha açık olur. Üretkenlik gereksiz iş fonksiyonlarını temizlemek anlamına geliyordu. Belki EDS, kaynaklarını daha etkili kullanmak için kendini yeniden organize etmeye ihtiyaç duydu. Büyüyen satışlar müşterilere daha iyi hizmet anlamına geliyordu. Bir yeniden düzenleme, müşteri memnuniyetini nasıl geliştirir? Cevap, kırk iş birimini, temel pazar sektörleri çerçevesinde tasarlanan dört iş çizgisiyle değiştirmektir. Haftalık e-mail'ler, birçok okuyucunun başka masraf kısma fikirleri (şirket uçağı masraflarını indirmekten birinci sınıf yolculuğu kısmaya kadar) sunmasına yol açtı.

1999'un sonuna kadar, EDS masraflarda 1 milyar dolarlık bir azalma yarattı, işlemlerini basitleştirerek daha iyi yapılmasını sağlayan bir yola girdi ve daha müşteri odaklı hale geldi. Performanssızlar satış gücünden çıkarıldı ve performanslarını ispatlamış yeni insanlar alındı. Şirket, cezbetmeye ve yetenekleri korumaya, büyümeye, müşteri tatmini ve kök salıyor olan sorumluluğa odaklanışı canlandırdı. Ondan bu yana, EDS güçlenmeye devam etti.

Asıl nokta tek bir lidere övgüler düzmek değildir. Dick Brown'ın EDS'de başardıklarını, diğerleri başka şirketlerde başardılar. Bu başarıların hiçbiri, bir taraftan iş sezgisi diğer taraftan da pratik olmadan kazanılamazdı. İş sezgisi, yol haritasını ve açıklığı sağlar. Ama bir kişilik bir dükkan açmak istemiyorsanız, iş öncelikleriyle insanları birbirine bağlamayı öğrenmek zorundasınız.

Bir iş lideri ve bir insan lideri olmayı becermek için bir CEO olmak zorunda değilsiniz. Bir ürün çizgisi yöneticisisiniz diyelim. Düşünme süreci aynıdır. Ürün çizgisinin temellerini değerlendirin, neden bir yolda ya da bir başkasında gittikleri ve nasıl geliştirilebilecekleri üzerine düşünün. Ne yapılması gerektiğini öğrendiğinizde, etrafınızdaki insanlar hakkında düşünün. Gereken ustalık ve yeteneklere sahipler mi? Onları nasıl çalıştırırsınız? Ne tür Sosyal Çalışma Mekanizmaları, bilgi ve karar akışını hızlandırabilir?

IV. BÖLÜM

KİŞİSEL AJANDANIZ

Büyük Resim İçindeki Yeriniz

LİMONATA STANDININ RUHUNU YAKALAMAK

Şimdi işin evrensel dilini konuşuyor olmalısınız. Organizasyonun hangi düzeyinde olursanız olun, şirketinizin toplam işine bir esnafın işine baktığı yerden bakmalı ve doğal karmaşıklıkla boğuşuyor olmalısınız. Ayrıca, para kazanmanın stok pazarı tarafından kıymetlendirildiğiyle ilgili de bir değerlendirmeniz olması gerekir.

Belki bu kitabı bir lider olmak istediğiniz için okuyorsunuz. Bir lider olarak, nakit üretimini, getiriyi, büyümeyi ve müşterileri akılda tutarak, işi geliştirmek için iş sezginizi nasıl kullanırsınız? Her bireyin entelektüel enerjisini bağlayarak nasıl sonuç alırsınız?

Kendi önceliklerinizi büyük resme bağlayın. Örneğin insan kaynaklarındaysanız, şirketin doğru işlerde doğru insanlara sahip olduğunu kesinleştirmek için insanlara, işlerine bir anda başlamaları ve çabalarını şirketin herhangi bir yerindeki insanlarla koordine etmeleri noktasında yardım edebilirsiniz. İşteki yanlış insanın, nakit üretimi, marj, hız, getiri ve büyüme üzerinde çok zararlı etkileri vardır. Bilgi teknolojilerindeyseniz, müşterilerle mal sağlayan firmalar arasında bağlar yaratabilirsiniz, böylece şirketiniz daha kolay birlik olabilir. Genel hukuk danışmanının ofisindeki bir avukat, küresel ölçekteki kanuni değişimleri takip ederek ve bunların sonucunda ortaya çıkacak fırsatlar için tetikte durarak yardım edebilir. Finanstakilerse, doğru ve zamanında sağlanan bilgiyle verilen kararlarla –kapasiteye eklemek ya da eklememek, daha iyi marjlar için fiyatları geliştirmek ve benzerleri– yardım edebilirler. Ayrıca finans, en kârlı büyüme fırsatlarını analiz etmede bir partner olabilir.

Ancak umarım profesyonel üstünlüğün tek başına yeterli olmadığından eminsinizdir. Sokak satıcısı gibi düşünmeyi öğrenince, ilk olarak bir iş insanı olacaksınız. Perspektifiniz, fonksiyonel ya da departmana dair bakıştan öteye, toplam işe bakışa yönelecek. Bakışınız genişledikçe düşünce biçiminiz daha yaratıcı olabilir. Herhangi bir toplantıda, hiyerarşiden korkmadan veya utanmadan sorular soracaksınız. Tartışmaları işin evrensel kanunlarına bağlama konusunda grubunuzda örnek olun.

Belki tüm işle bağlantılı yaratıcı bir fikri ele alarak çığır açabilirsiniz. Ford'da e-ticaret araçları, malzeme ve hizmetlerin daha iyi ulaşımı için güçlendirildi. Ford'un, mal sağlayan firmalardan fiyat istemesi ve fiyat sürecini sonuçlandırması bir ya da iki saat sürer. Masraf tasarrufu % 20-30 civarındadır.

Belki de bir konunun altında yatan varsayımları yüzeye çıkarıp zorlayarak, yeniden düzenleyebilirsiniz. Bir konuyu yeniden düzenlemek ne anlama gelir? Bir elektronik şirketinde çalışıyorsunuz ve birileri özel bir üründe fiyat düşürmeniz gerektiğini iddia ediyor diyelim. İş insanı duruşunuzu alın ve hangi müşteri ihtiyaçlarının karşılanmadığını sorun. Eğer onları karşılayabilirseniz, bu bir değer yaratabilir ve ürüne talebi arttırabilir mi? Öyleyse, bu üretim kapasitesinden faydalanılabilirliği nasıl etkiler? Müşterilerin çok fazla aldırış etmediği ve maliyeti azaltacak özellikler var mı? Başka bir deyişle, para kazanma kriterlerini karşılamak için opsiyon aralığının genişletilmesi önemlidir.

TOPLAM İŞİ DEĞERLENDİRMEK

Tüm şirketler zorluklarla karşılaşırlar. Şirketinizin karşılaştıklarını anladığınızdan emin olmakla başlayın.

- Şirketinizin satışları geçen yıl nasıldı?
- Satışlar artıyor mu, azalıyor mu, yoksa düz mü? Bu büyüme resmi hakkında ne düşünüyorsunuz?
- Şirketinizin kâr marjı ne durumda? Artıyor mu, azalıyor mu, yoksa düz mü?

- Marjınız, rakiplerle karşılaştırıldığında, nasıl?
- Diğer endüstrilerle karşılaştırıldığında nasıl?
- Şirketinizin envanter hızını biliyor musunuz? Mal hızını biliyor musunuz?
- Şirketinizin getirisi ne durumda? Marj ve mal hızını biliyorsanız, hesaplayın: R=MxV.
- Şirketinizin nakit üretimi artıyor mu, azalıyor mu? Neden birinde ya da diğerinde?
- Şirketiniz rakiplerine karşı kazanıyor mu, yoksa kayıp mı yaşanıyor?

Temelleri şirketiniz için özetleyin. Hiyerarşi ya da bacaların, şirketinizin özünü anlama çabanızda sizi engellemelerine izin vermeyin. Bir adım geride durun ve işin toplam resmine bakın. Değerlendirmeniz, kıdemli yöneticilerinizden duyduğunuz görüşle örtüşüyor mu? Sormanız gereken sorular ya da yapabileceğiniz öneriler var mı? Değerlendirmelerinizi çevrenizdekilerle test etmeli misiniz?

KARMAŞIKLIĞI BASİTLEŞTİRMEK

Şimdi şirketinizin iş yaptığı daha genel şartlar üzerine düşünün. Yaptığınız işin dışsal gerçeklikleri nelerdir? Şirketinizin para kazanma yeteneğini etkileyebilecek tüm şeylerin listesini yapın.

- Endüstride aşırı bir kapasite var mı?
- Endüstri gelişiyor mu?

- Sağlam fiyat rekabetiyle mi karşı karşıyasınız?
- Şirketiniz, nakit dalgalanmalarından ya da faiz oranlarından, şu ya da bu yolla etkileniyor mu?
- Yeni rakiplerle karşılaşıyor musunuz?
- e-ticarette neler oluyor? Şirketi nasıl etkileyebilir?

Muhtemelen, dışarıyla ilgili düşüncelerinizin listesi uzun, karmaşıklık da büyük olacak. Bunu okumadan önce hangi faktörlerin daha önemli olduğunu düşündüğünüze karar verin. Bazıları birbiriyle bağlantılı mı? Kesin eğilimler var mı? Bunun kolay olmasını beklemeyin. Karmaşıklığı basitleştirmek pratik ister ve ihtiyaç duyduğunuz bilgilerin hepsine sahip olmayabilirsiniz. Bunları sormak zorunda kalabilirsiniz. Bunu okumadan önce, bir çift örnek ya da trend belirlemek için zaman ayırın ve onları buraya yazın:

1.

2.

ODAKLANMAYI SAĞLAMAK

Karmaşıklığı basitleştirince, gerçek dünyada neler olduğunu daha açık görebileceksiniz. Sonra grubunuz, departmanınız ya da iş biriminiz için üç ya da dört iş önceliği belirlemek zorundasınız. Para kazanmayı arttırmak için nasıl birleşecekler?

Bazılarınız karmaşıklığı basitleştirecek entelektüel kapasiteye sahipsiniz ama yanlış yapmak sizi korkutuyor ve kararsız yapıyor. Tüm gerçekler belli olana ve resim daha belirgin olana kadar bekleyebilir misiniz? İşte püрüz: Hiç riske girmemiş olsanız bile riske girmişsinizdir. Yani, farklı olan herhangi bir şeyi seçmeyerek statükoyu seçmiş olursunuz.

Alanınıza odaklanmaya cesaret ve inancınız olsun. Departmanınızın, bölümünüzün ya da iş biriminizin neyi yapmak zorunda olduğuna ve neyi durdurmak zorunda olduğuna karar vermek zorundasınız. İş önceliklerini belirlemek zorundasınız veya bu öncelikler, tutarlı ve ortaklık hedefleriyle aynı çizgide olmalı. Çok şeye sahip olamazsınız, değişimi tutamazsınız ve onları açık ve sık sık iletişim halinde tutmak zorundasınız. Eğer iş zekanız belli oranda iyiyse (şüphesiz geliştirebilirsiniz), iş önceliğinin bu özel kısmının neden para kazandığını anlayacaksınız.

Başarmak istediğiniz büyük vizyonlar içinde sürünmeyin. Vizyonu 50.000 fit seviyesinin altına indirin. Neye ihtiyaç duyduğunuzu açık ve basit terimlerle açıklayabiliyor olmalı ve bunun para kazanmayı nasıl geliştireceğini açıklayabiliyor olmalısınız.

Sağduyunuzu kullanın. İş duyunuzu. Kaç tane iyi fikir geliştireceğinize şaşıracaksınız. İş önceliklerinizi buraya yazın:

1.

2.

3.

4.

YETENEKLERİNİ GELİŞTİRMEDE İNSANLARA YARDIM EDİN VE İŞTEKİ ÇABALARINI EŞZAMANLI HALE GETİRİN

Size rapor veren bireyler ve iş hayatınızda her gün karşılaştığınız diğerleri üzerine düşünün. İnsanların yeteneklerini geliştirmek ve onları işe uydurmak ya da grup fonksiyonlarını daha iyi yapacak Sosyal İşletme Mekanizmaları tasarlamak için zirvedeki bir yönetici olmak zorunda değilsiniz. Doğrudan bilginin eşzamanlı paylaşımını sağlayacak ve ihtilafları yüzeye çıkaracak yollar bulun.

Yönettiğiniz bireylerle işleri arasındaki eşleşmeyi düşünün:

- İşin şimdi ya da iki yıl içindeki, iki ya da üç tartışılmaz gereksinmesi nelerdir?
- Bireylerin doğal mahareti ve dürtüsü olarak tabir ettiğiniz iki ya da üç şey nedir?
- Kişiyi daha fazla büyümekten alıkoyan kör nokta hangisidir?
- Bu insanları nasıl çalıştırabilirsiniz?

Sonra bir bütün olarak, bir iş grubuna, takımına ya da organizasyonuna odaklanın:

- Fikirler ve bilgiler açık ve filtresiz bir şekilde değiş tokuş ediliyor mu?
- Karar verme hızı nedir?
- Kararların niteliği nedir?
- Kararlar saplanmış durumda mı yoksa tekrar gözden geçirilip düzenleniyor mu?
- Personel, toplantıları yapıcı ve enerji verici mi yoksa yıkıcı ve enerji kaybettirici mi buluyor?

LİDER OLUN

Bir iş lideri olun. Bir sokak satıcısının hakimiyeti ve ısrarıyla, size neye odaklanmanız gerektiğini söyleyen üç ya da dört kalemi seçip ayırın. Tüm sahili kaplamaya çalışmayın, bilincinizi değişime kapatmayın, mücadeleden kaçmayın. İş önceliklerini, sık sık tekrarlama yoluyla, bilinir kılın.

Bir işi lideri olun. İş önceliklerini uygulayan bir organizasyon yaratmak için sokak satıcısından öteye gidin. İş için doğru insanları bulun, enerjilerini açığa çıkarmak ve yeteneklerini geliştirmek için kişisel sorumluluk alın. Birilerinin davranış ve becerileri pratiğe geçtiği zaman, konuya hitap edin. Kendi iş sezgilerini geliştirmeleri noktasında diğerlerine yardım etmeyi unutmayın. Bilgi akışını hızlandıracak ve insanların işlerini koordine edecek mekanizmaları bulun. Grupları daha kararlı hale getirin. Takımı inşa edin.

Baştan başlayın. Gazeteleri değerlendirmenin, limonata satmanın, para kazanmak için yaptığınız her şeyin özünü kavradığınız, işteki ilk deneyimlerinize dönün. İş sezginizi daha karmaşık durumlarda uygulamaya çalışarak genişletin. Hata yapmaktan korkmayın ve onlardan öğrenin. İş sezginize yansıyacak kararlar verin ve bilginizi paylaşın.

Bu kitabın entelektüel bir egzersiz olmasına izin vermeyin. Örtüyü kapatmadan önce somut terimlerle düşünün. Malum soruyu cevaplamaya hazır olun: Şirketinizin para kazanmasına yardım etmek için önünüzdeki 60-90 gün içerisinde neler yapacaksınız? Bunun bir parçası olun. Heyecanı başlatın.

YAZAR HAKKINDA

Ram Charan, otuz yıldan fazla bir süredir dünyanın en başarılı iş liderlerini, stratejiden liderlik gelişimine kadar, çok geniş bir alanda çalıştırıyor ve danışmanlık yapıyor. Pratik ve gerçek dünyaya dair öğütleri, birçok Fortune 500 şirketin yöneticisi arasında çok yüksek bir etkiye sahiptir. Ayrıca aranan bir öğretmendir. GE'nin Crotonville Enstitüsü'nde, MBA'daki doktorada, Harvard Business School, Northwestern University's Kellogg School, Columbia ve Wharton'un gelişmiş yönetici programlarında geçen otuz yıl boyunca, dünya üzerindeki binlerce yöneticiyi eğitti. GE, Kellogg School ve Wharton Life Insurance Institute'ten En İyi Öğretmen Ödülü'nü aldı ve Business Week'in, yönetici eğitimindeki en iyi on eğitmen listesine girdi. *Yönetim Kurulları İşbaşında* (Heidrick ve Struggle'ın en iyi on liderlik kitabı listesinde) ve "Eylem, Israr ve Mükemmellik" kitaplarının yazarıdır. "Her İş Büyüyen Bir İştir" ve "E-Yönetim Kurulu Stratejileri" kitapları da dahil olmak üzere çok sayıda kitabın ortak yazarıdır. Makaleleri, *Harvard Business Review, Fortune, The Financial Times, USA Today* ve *Director's Monthly* de dahil olmak üzere çok geniş bir yayın aralığında çıktı. Harvard Business School'dan DBA ve MBA dereceleri (yüksek nişanlı) vardır ve National Academy of Human Resources'ta akademisyendir. Dallas, Texas'ta yaşamaktadır.

PEGASUS YAYINLARINDAN ÇIKAN DİĞER CEO KİTAPLARI

DÜNYANIN EN BÜYÜK CEO VE LİDERLERİNİN 10 BASİT SIRRI

"Kitapta günümüzün en etkin liderlerinden bazılarının renkli öyküleri paylaşılmaktadır. Siz bütün bunları zaten bildiğinizi düşünseniz bile Richard Branson, Howard Schultz, Steve Jobs ve daha pek çoklarının öykülerinden çıkarılacak dersler ile Gallo sizi yepyeni bir dünyaya taşıyor."

*James M. Citrin, Yönetici

CARMINE GALLO

PEGASUS

New York Times Business Bestseller

"Iş hayatında başarılı olmak için bu kitap ile başlamaktan daha iyisini yapamazsınız."

Jeffrey M. Cunningham, yayıncı,Forbes dergis

CEO

Gibi Düşünmek

ZİRVEDE OLMAK İÇİN 22 NİTELİK

D.A. Benton

PEGASUS